Les cahiers d'exercices ASSiMiL®

Espagnol

LV2 Collège 4e LV2

Juan Córdoba

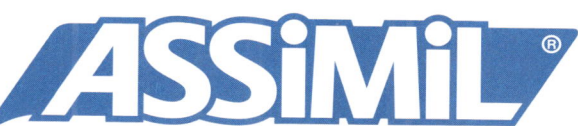

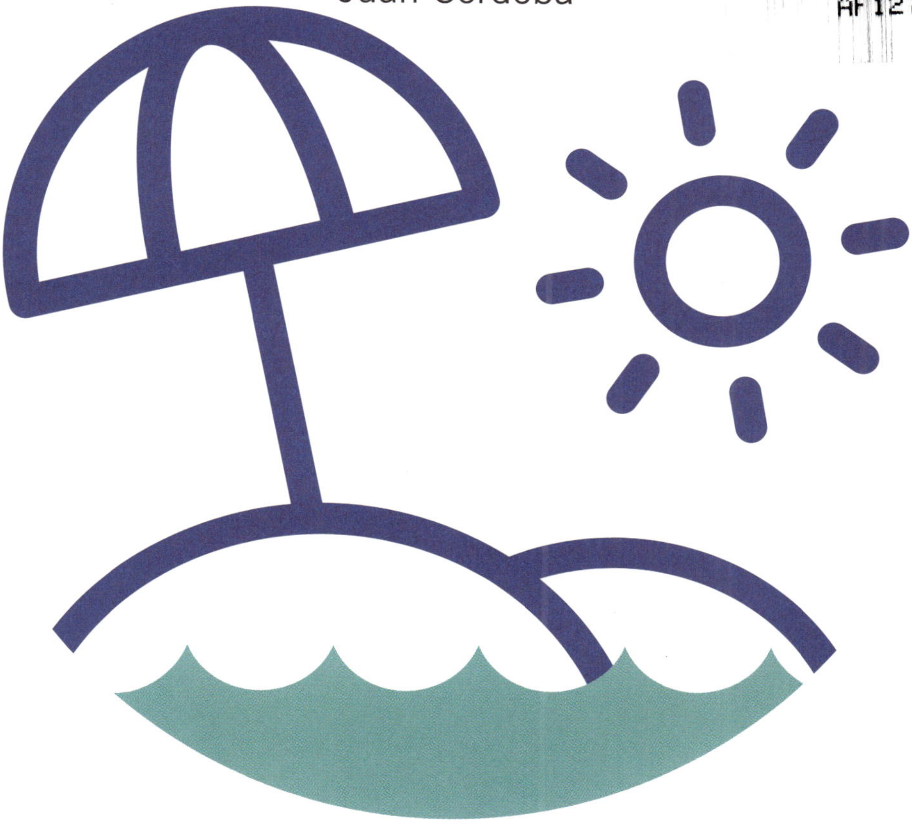

À propos de ce cahier

Tu as découvert l'an dernier une toute nouvelle matière : l'espagnol ! Il faut maintenant repartir d'un bon pied, rafraîchir tes acquis, consolider tes bases et ensuite avancer : ce cahier est là pour t'y aider. Calé sur le programme de la classe de 4e, il va te permettre de revoir systématiquement l'ensemble de ce que tu travailles en cours avec ton professeur. Si tu as un doute, si tu n'as pas bien compris une notion, tu trouveras dans ce cahier une leçon qui t'expliquera simplement les choses et plusieurs exercices et activités pour t'entraîner.

Il se compose de 6 modules : un module 0 consacré à la prononciation et à l'orthographe ; et 5 modules organisés pour approfondir progressivement tes compétences en espagnol. Chaque module est un parcours : Il s'ouvre avec une page d'objectifs clairement exposés et se termine par une page de bilan. Pour chaque exercice, en effet, tu auras dessiné ☺ pour une majorité de bonnes réponses, un 😐 pour environ la moitié, et un ☹ pour moins de la moitié. Dans le bilan final, tu vas reporter tous ces résultats, t'auto-évaluer et voir précisément quels points tu as acquis et quels autres tu dois encore travailler.

Apprendre une langue, ce n'est pas seulement emmagasiner des règles. C'est savoir les utiliser, ensemble, pour réaliser des tâches pratiques. Chaque module t'offre donc aussi une situation concrète pour tester tes compétences : passer un appel téléphonique, prendre position dans une discussion, faire une omellette espagnole, écrire une carte postale ou faire la liste des courses.

L'espagnol, c'est enfin tout un ensemble de pays, de paysages, de climats et de modes de vie différents des nôtres, que ce cahier te présente, dans chaque module, à travers des pages de découverte culturelle

C'est à toi maintenant ! **¿Vamos?**

Sommaire

Module 0 : Pronunciar y escribir 3
Module 1 : ¡Soy yo! 13
Module 2 : ¿Qué te parece? 39
Module 3 : Escúchame 61
Module 4 : Érase una vez 81
Module 5 : Mañana será otro día 101
Tableaux de conjugaison 114
Solutions 122
Tableau d'évaluation 128

Pronunciar y escribir

Objectifs

- Lire des sigles
- Distinguer la ce (C), la ese (S) et la zeta (Z)
- Les modifications orthographiques :
    - c ➡ **qu** devant **e** et **i**
    - g ➡ **gu** devant **e** et **i**
- L'orthographe espagnole des mots issus du grec :
    - la transcription espagnole des groupes *ph*, *th*, *ch*
    - la transcription espagnole du *y* entre consonnes
- Deux terminaisons et un préfixe typiques de l'espagnol :
    - les mots terminés en **-ción** et leur correspondant français
    - les mots terminés en **-cción** et leur correspondant français
- L'accentuation des mots :
    - l'accent régulier
    - l'accent écrit
    - l'accent grammatical pour distinguer les homonymes et les interrogatifs
- Changements orthographiques liés à l'accentuation

MODULE 0 : PRONUNCIAR Y ESCRIBIR

Le nom des lettres

Pour épeler ton nom, lire un sigle ou demander l'orthographe d'un mot, il est utile de connaître le nom des lettres. Tu as appris l'alphabet l'an dernier : revoyons-le !

Tu sais sans doute déjà trois choses :
- les lettres sont féminines en espagnol : on dit **la a**, *le a* ; **una b**, *un b*, etc. ;
- il y a une lettre de plus qu'en français : **la ñ (eñe)** ;
- sur les vingt-sept lettres de l'alphabet espagnol, huit portent le même nom qu'en français : **A, B, D, I, K, O, P, T**.

1 Un « institut d'enseignement secondaire » (autrement dit : un lycée), un « document national d'identité », une « organisation non gouvernementale » : voici trois exemples de choses qui sont connues en Espagne par leur sigle. Comment doit-on les lire ? Choisis la bonne réponse.

a. Instituto de Educación Secundaria
   1. i – e – ese
   2. i – e – se

b. Documento Nacional de Identidad
   1. de – ne – i
   2. de – ene – i

c. Organización No Gubernamental
   1. o – ene – gue
   2. o – ene – ge

2 Comme en français, il existe de très nombreux sigles usuels formés à partir de mots anglais. Exemple : le GPS (Global Positioning System), que l'on nommera en espagnol : *ge – pe – ese*. Ajoute la lettre qui manque pour lire les sigles suivants.

CD	DVD	XL	JPG
....	de	....	de
de	....	ele	pe ge
	de		

3 Parfois, on n'entend pas bien une lettre. Pour être bien compris, on dit alors, par exemple : « Avec un B comme dans Bernard ». En espagnol, on dira : *Con BE de Bernardo*. Complète ces miniphrases avec le nom de la lettre.

a. Con .... de Fernando.   c. Con .... de Roberto.

b. Con .... de María.   d. Con .... de Zoraida.

MODULE 0 : PRONUNCIAR Y ESCRIBIR

4 Quel est le nom de ces lettres ? Coche la bonne réponse.

a. **W**
☐ doble uve
☐ uve doble

b. **H**
☐ che
☐ hache

c. **Y**
☐ i griega
☐ i latina

d. **Q**
☐ ka
☐ cu

La ce (C), *la ese* (S) et *la zeta* (Z)

- Le **S** est toujours prononcé (même en fin de mot) comme un **double S français**, que nous noterons phonétiquement [SS] : **Luis** [louiSS], **Rosa** [RRoSSa].
- Le son du **th** anglais de think, que nous noterons [TH], s'écrit :
  - avec un **Z** devant **a**, **o** et **u** : **zapato** [THapato], **zorro** [THoRRO], **zumo** [THoumo] ;
  - avec un **C** devant **e** et **i** : **cero** [THéRo], **cien** [THié´n].
- Retiens donc ceci : les groupes **ze** et **zi** sont très rares en espagnol (essentiellement pour écrire des mots étrangers). La racine d'un mot peut donc se modifier, comme l'adjectif **feliz**, *heureux*, qui devient **felices** au pluriel (**¡Felices fiestas!** *Heureuses fêtes !*) ou qui donne **felicidad**, *bonheur*, en devenant un nom. On ne peut pas, en effet, écrire « felizes » ou « felizidad ».

5 Complète la transcription phonétique de ces mots, avec [SS] ou [TH].

a. **dos**
do [............]

b. **tres**
tRé [............]

c. **cinco**
[............] í´nco

d. **doce**
do [............] é

e. **trece**
tRé [............] é

f. **dieciséis**
dié [............] i [............] éi [............]

6 Complète l'orthographe de ces noms de villes à partir de leur transcription phonétique.

a. [TH]aRago[TH]a   ....arago.........a

b. Ca[TH]oRIa   Ca.........orla

c. Balé'n[TH]ia   Valen.........ia

d. [TH]oumaRRaga   ....umarraga

e. ORé'n[SS]é   Oren.........e

f. Ca[TH]éRé[SS]   Cá.........ere.........

5

MODULE 0 : PRONUNCIAR Y ESCRIBIR

7 **Réutilise le mot souligné au pluriel pour compléter la phrase ou le groupe de mots proposés.**

a. Quiero una <u>nuez</u> → *Je veux une noix.*
Quiero un kilo de ....

b. La <u>raíz</u> del árbol → *La racine de l'arbre*
Las .... del árbol

c. La <u>luz</u> del sol → *La lumière du soleil*
Las .... de la ciudad

d. El <u>lápiz</u> de color → *Le crayon de couleur*
Los .... de color

8 **Même exercice, mais cette fois tu dois mettre le mot souligné au singulier.**

a. Los <u>peces</u> azules → *Les poissons bleus.*
El .... azul

b. Las <u>actrices</u> famosas → *Les actrices célèbres.*
La .... famosa

c. Oigo <u>voces</u> → *J'entends des voix.*
Oigo una ....

d. Muchas <u>veces</u> → *De nombreuses fois.*
Una sola ....

Les modifications orthographiques : c → qu et g → gu

- Tu viens de le voir à propos du **Z** dans **feliz / felices**, la racine d'un mot se modifie parfois lorsque la terminaison change, pour conserver la même prononciation. Le même phénomène peut se produire avec les lettres **C** et **G**.
- Comme en français, le **C** et le **G** se prononcent différemment devant **a**, **o**, **u** et devant **e** et **i** ; si tu veux conserver le même son devant ces lettres, tu devras les écrire **qu** et **gu**.

prononciation	orthographe espagnole				
C comme dans cocorico	ca	que	qui	co	cu
G comme dans Galapagos	ga	gue	gui	go	gu

MODULE 0 : PRONUNCIAR Y ESCRIBIR

9 Pour former les diminutifs, on remplace, tu le sais, la voyelle finale du mot par la terminaison **-ito** ou **-ita** : *un libro*, un livre ; *un librito*, un petit livre ; *una mesa*, une table ; *una mesita*, une petite table. Forme le diminutif des mots suivants.

a. La boca, *la bouche* → ....

b. Una tortuga, *une tortue* → ....

c. Un poco, *un peu* → ....

d. Un amigo, *un ami* → ....

L'orthographe espagnole des mots issus du grec

Le grec ancien a laissé une grande quantité de mots dans de nombreuses langues. Le français a gardé la trace de cette étymologie ; ce n'est pas le cas en espagnol, qui a simplifié l'orthographe de ces mots. Tu ne trouveras donc pas les groupes français :
- ph (**fotógrafo**, *photographe*) ;
- th (**tema**, *thème*) ;
- ch quand il vient d'un mot grec, qu'il soit prononcé en français comme un **K** (*orchestre*, **orquesta**), ou comme **-ch** (*chimie*, **química**).

Même chose pour l'**y** entre consonnes, qui s'écrira **i** en espagnol : **gimnasia**, *gymnastique*.

10 Voici une série de mots français d'origine grecque. Trouve les mots qui leur correspondent en espagnol. Complète leur traduction en écrivant les syllabes manquantes.

a. rythme • • ....bólico

b. philosophe • • ....lóso............

c. anthropophagie • • ....mo

d. chronologique • • ....nológico

e. symbolique • • ....mómetro

f. psychologie • • ....logía

g. archéologie • • an .... po............gia

h. thermomètre • • ar............logía

MODULE 0 : PRONUNCIAR Y ESCRIBIR

Deux terminaisons et un préfixe typiques de l'espagnol

Tu as remarqué qu'il y a parfois des ressemblances entre un mot français et son correspondant espagnol. Utilise-les pour bien écrire ces mots. Par exemple, dans l'immense majorité des cas :
- un mot français terminé en -tion aura en espagnol une terminaison en **-ción** ;
- un mot français terminé en -ction aura en espagnol une terminaison en **-cción**.

Et n'oublie surtout pas l'accent écrit sur le **-ó** !

Retiens aussi que le groupe initial français imm- s'écrit en espagnol **inm-** : **inmortal**, *immortel*.

11 Au cœur de chaque fleur, il y a une terminaison ; dans les étiquettes, des débuts de mots. Écris-les dans les pétales de l'une ou l'autre fleur.

a.   b.

-ción   -cción

rea-   solu-   dire-   educa-   alimenta-   emo-   ele-
produ-   tradu-   tradi-   inven-   fi-

12 Comment écrit-on ces mots en espagnol ? Coche la bonne orthographe.

a. immobile
○ immóbil
○ inmóvil
○ immóvil

b. immédiat
○ inmediato
○ immediato
○ imnediato

c. immense
○ immenso
○ imenso
○ inmenso

d. imagination
○ inmaginación
○ imaginación
○ immaginación

MODULE 0 : PRONUNCIAR Y ESCRIBIR

L'accentuation des mots

- Comme tu le sais, tous les mots espagnols ont un accent tonique : une voyelle prononcée avec plus d'intensité que les autres. Celle-ci se trouve sur :
  - l'avant-dernière syllabe des mots terminés par une voyelle, un **-n** ou un **-s**, comme dans **corrida**, **churros**, **Carmen** ;
  - la dernière syllabe des mots terminés par une consonne autre que **-n** ou **-s**, comme dans **Madrid**, **amor**, **voleibol**.
- Pour les mots qui ne suivent pas cette règle, c'est encore plus simple : l'accent tonique est signalé par un accent écrit (toujours aigu !) : **Perú**, **París**, **fútbol**. L'accent sera donc toujours écrit lorsque l'accent tonique est sur l'antépénultième syllabe : **Córdoba**, **Málaga**.

13 Voici douze noms de pays et deux noms d'océans. Repère pour chacun d'eux la syllabe tonique et, comme dans l'exemple donné *(España)*, coche la case qui convient.
Le gros point rouge représente la tonique ; les petits points noirs les autres syllabes.

	.•.	..•	•..	.•	•.	..•.	.•..
España	✓						
Pacífico							
Inglaterra							
México							
Atlántico							
Túnez							
Senegal							
Panamá							
Chile							
Iraq							
Irán							
Dinamarca							
Líbano							
Marruecos							

14 Les prénoms suivants ont une accentuation régulière ; il n'est donc pas nécessaire d'écrire l'accent tonique. Coche la case qui correspond pour chacun d'eux à la syllabe tonique.

- **a.** Esteban ☐ ☐ ☐
- **b.** David ☐ ☐
- **c.** Anabel ☐ ☐ ☐
- **d.** Isabel ☐ ☐ ☐
- **e.** Beatriz ☐ ☐ ☐
- **f.** Aitor ☐ ☐
- **g.** Daniel ☐ ☐
- **h.** Carlos ☐ ☐
- **i.** Lucas ☐ ☐
- **j.** Daniela ☐ ☐ ☐
- **k.** Mercedes ☐ ☐ ☐
- **l.** Alejandro ☐ ☐ ☐ ☐

MODULE 0 : PRONUNCIAR Y ESCRIBIR

15 Ces prénoms, eux, ont une accentuation irrégulière : il va donc falloir écrire l'accent tonique. Ajoute-le sur la syllabe qui convient.

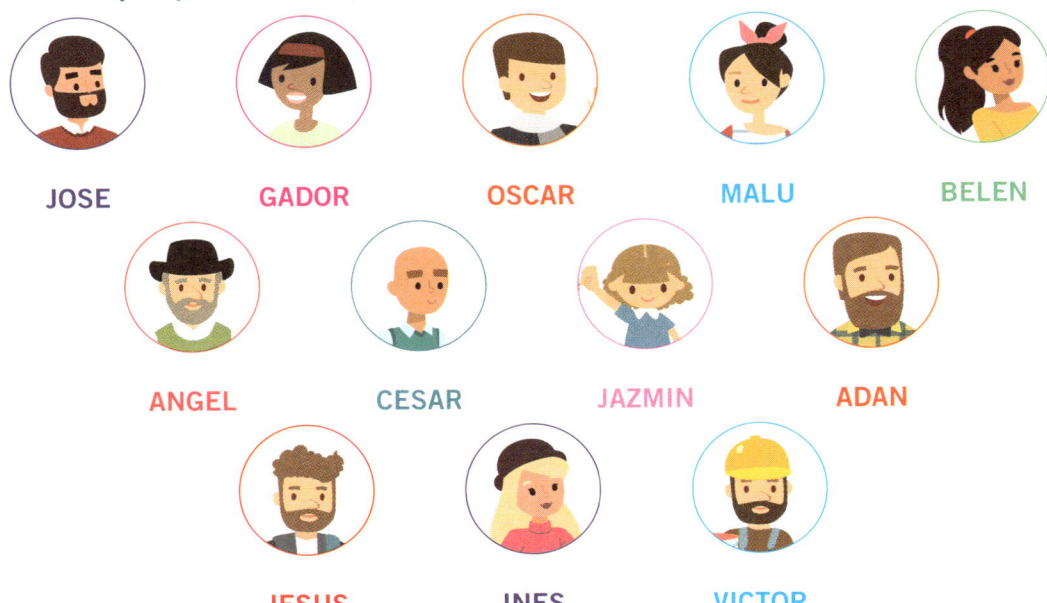

JOSE GADOR OSCAR MALU BELEN

ANGEL CESAR JAZMIN ADAN

JESUS INES VICTOR

L'accentuation des mots interrogatifs et des homonymes

- Souviens-toi que les mots interrogatifs portent l'accent écrit :
  ¿Cómo estás? → *Comment vas-tu ?* et aussi que l'accent écrit sert à distinguer des mots identiques par la forme mais de sens différent :
  - **tu amigo**, *ton ami* / **Tú eres mi amigo**, *Toi, tu es mon ami.*
  - **el compañero**, *le camarade* / **Él es mi compañero**, *Lui, c'est mon camarade.*
  - **mi perro**, *mon chien* / **Es para mí**, *C'est pour moi.*
  - **Si vienes**, *si tu viens* / **Sí, ven**, *Oui, viens.*

16 Dans ces phrases, il manque un certain nombre d'accents toniques ; à toi de les écrire !

a. ¿Donde está la sílaba tónica de tu nombre?
b. ¿Quien lo sabe?
c. ¿Lo sabes tu?
d. ¿Cuantas sílabas tiene?
e. A mi no me gustan los acentos.
f. A mi hermano si.
g. Si el lo sabe, pregúntale.

MODULE 0 : PRONUNCIAR Y ESCRIBIR

Changements orthographiques liés à l'accentuation

- Tu l'as constaté l'an dernier, un même mot peut s'écrire parfois avec un accent tonique et parfois sans. C'est souvent le cas, par exemple, quand on passe du singulier au pluriel et inversement.
- L'explication est très simple ! Le pluriel rallonge parfois d'une syllabe tout le mot (**profesor** = trois syllabes) / **profesores** = quatre syllabes). Celle qui était la dernière syllabe remonte donc d'un cran, et il faut appliquer la règle d'accentuation que tu as vue :
  - **un joven**, *un jeune* / **dos jóvenes**, *deux jeunes* (l'accent apparaît car il est maintenant sur l'antépénultième) ;
  - **un francés**, *un Français* / **dos franceses**, *deux Français* (l'accent disparaît car il est maintenant sur l'avant-dernière).

17 Voici une série de mots au singulier ; faut-il un accent écrit sur le pluriel ? À toi de l'écrire (ou pas !).

a. un catalán, *un Catalan* ➜ dos catalanes

b. una lección, *une leçon* ➜ dos lecciones

c. un examen, *un contrôle* ➜ dos examenes

d. un yogur, *un yaourt* ➜ dos yogures

e. un móvil, *un portable* ➜ dos moviles

f. un dólar, *un dollar* ➜ dos dolares

18 Exercice inverse : voici les mots au pluriel et correctement accentués ; à toi d'accentuer ou pas la forme au singulier.

a. dos melocotones, *deux pêches* ➜ un melocoton

b. dos ingleses, *deux Anglais* ➜ un ingles

c. dos andaluces, *deux Andalous* ➜ un andaluz

d. dos chándales, *deux survêtements* ➜ un chandal

e. dos pasteles, *deux gâteaux* ➜ un pastel

f. dos imágenes, *deux images* ➜ una imagen

Bilan

Le nom des lettres
1. ....
2. ....
3. ....
4. ....

La *ce* (C), la *ese* (S) et la *zeta* (Z)
5. ....
6. ....
7. ....
8. ....

Les modifications orthographiques : c → qu et g → gu
9. ....

L'orthographe espagnole des mots issus du grec
10. ....

Deux terminaisons et un préfixe typiques de l'espagnol
11. ....
12. ....

L'accentuation des mots
13. ....
14. ....
15. ....

L'accentuation des mots interrogatifs et des homonymes
16. ....

Changements orthographiques liés à l'accentuation
17. ....
18. ....

¡Soy yo!

Objectifs

- **Tu vas apprendre à :**
    - T'identifier, dire où tu es
    - Dire d'où tu es
    - Dire de quel club tu es supporteur
    - Accorder les articles, les noms et les adjectifs
    - Dire un poids et une taille
    - Décrire le corps humain
    - Parler du caractère des personnes
    - Parler d'un comportement habituel
    - Dire la possession
    - Demander à qui appartient quelque chose
    - Marquer le vouvoiement

- **Pour cela, tu vas maîtriser :**
    - Quelques valeurs de **ser** (identité, caractère, parti pris sportif, possession)
    - La valeur de localisation de **estar**
    - L'accord des adjectifs de nationalité
    - Les articles définis et indéfinis
    - Le genre des noms et l'accord des adjectifs
    - Les noms singuliers à valeur collective
    - La conjugaison du 1er groupe (en **-ar**) et des verbes à affaiblissement (**medir**)
    - La locution **pasarse el tiempo** + gérondif
    - Les adjectifs possessifs atones et toniques
    - Les pronoms possessifs
    - Le tutoiement et le vouvoiement au possessif (ta, ton, tes, votre, vos)
    - Lexique : les couples d'adjectifs opposés ; le visage et le corps ; les caractères et les tempéraments ; le matériel scolaire

- **Tu seras aussi capable de :**
    - Passer un appel téléphonique

- **Et tu vas découvrir :**
    - Madrid et Barcelone

Module 1

MODULE 1 : ¡SOY YO!

S'identifier, dire où l'on est

	ser	estar
yo	soy	estoy
tú	eres	estás
él / ella	es	está
nosotros / nosotras	somos	estamos
vosotros / vosotras	sois	estáis
ellos / ellas	son	están

« Faire l'appel » se dit en espagnol **pasar lista** : **El profesor pasa lista** ➜ *Le professeur fait l'appel*. Comme en France, il n'y a pas une façon unique de répondre ; tout dépend de l'ambiance en cours, de la personnalité de l'élève, de celle du professeur. L'élève peut par exemple simplement répondre **Sí**, *Oui*. Il peut aussi utiliser un des deux verbes « être » : **ser** ou **estar**.

Ser, tu le sais, sert à identifier et s'identifier. Si tu l'utilises avec le pronom personnel inversé, c'est l'équivalent du français « C'est… » : **Soy yo** ➜ *C'est moi* ; **Eres tú** ➜ *C'est toi* ; **No es él** ➜ *Ce n'est pas lui*, etc.

Estar, en revanche, sert à situer dans l'espace. Tu peux donc répondre : **Estoy aquí** ➜ *Je suis ici* ; **Estás aquí** ➜ *Tu es ici*, etc. **No está**, tout seul, signifiera *Il / Elle n'est pas là, Il / Elle est absent(e)*. Si, par exemple, tu veux savoir si quelqu'un est là, tu demanderas : **¿Está Carmen?** ➜ *Est-ce que Carmen est là ?*

1 Ces élèves répondent à l'appel de leur nom ; complète les bulles en utilisant *ser*.

MODULE 1 : ¡SOY YO!

2 Même exercice, mais cette fois les élèves répondent en utilisant *estar*.

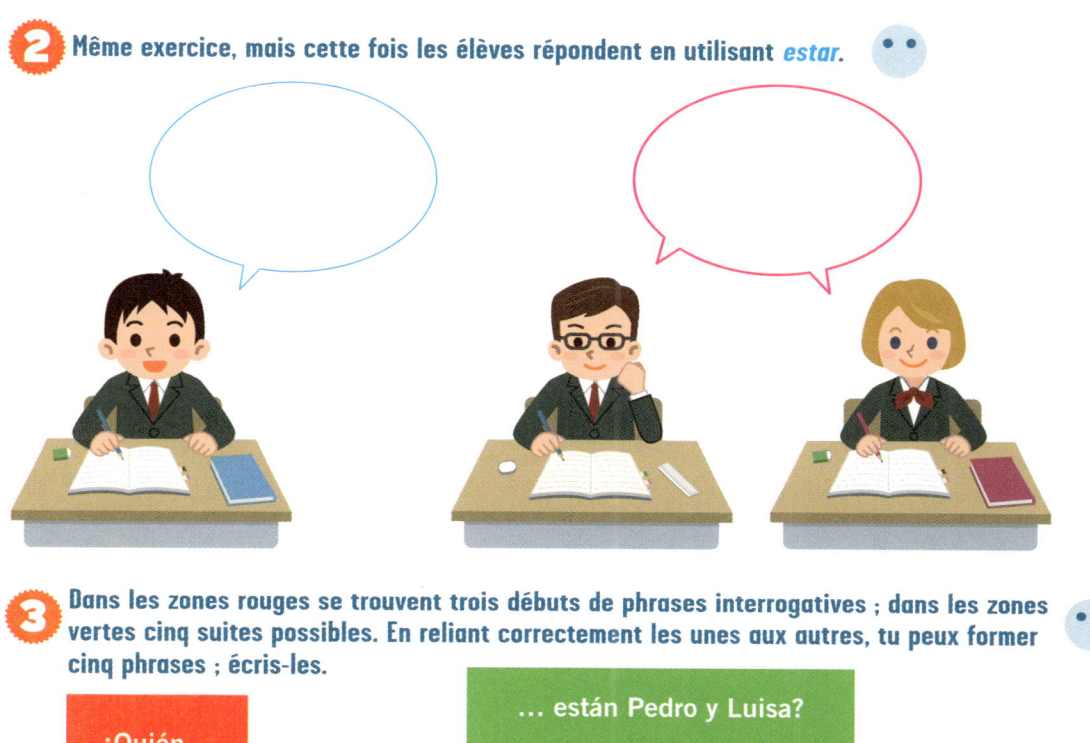

3 Dans les zones rouges se trouvent trois débuts de phrases interrogatives ; dans les zones vertes cinq suites possibles. En reliant correctement les unes aux autres, tu peux former cinq phrases ; écris-les.

¿Quién…
¿Quiénes…
¿Dónde…

… están Pedro y Luisa?
… son Paco y Belén?
… es Pedro?
… sois? / … estáis?

a. .... d. ....
b. .... e. ....
c. ....

4 Traduis les phrases que tu as trouvées.

a. .... d. ....
b. .... e. ....
c. ....

MODULE 1 : ¡SOY YO!

5 **Traduis ces deux minidialogues.**

¿Sois Carlos y Ana?

a. ....

No, no están.

b. ....

¿Están Pedro y Gloria?

c. ....

Sí, somos nosotros.

d. ....

Dire d'où l'on est

Au féminin, les adjectifs de nationalité terminés en **-o** ont une terminaison en **-a**. Ceux qui se terminent par une autre voyelle sont invariables.
    Soy italiano ➜ *Je suis italien* / **Soy italiana** ➜ *Je suis italienne.*
    Soy marroquí ➜ *Je suis marocain(e)* / **vietnamita**, *vietnamien(ne)* /
        canadiense, *canadien(ne).*

On ajoute un **-a** aux adjectifs terminés par une consonne :
    Soy portugués ➜ *Je suis portugais* / **portuguesa**, *portugaise.*

Au pluriel, on ajoute **-s** aux adjectifs terminés par une voyelle (**chino** / **chinos**, *chinois*, sg. et pl.) et **-es** aux adjectifs terminés par une consonne (**senegalés** / **senegaleses**, *sénégalais*, sg. et pl.).

Les adjectifs terminés par une voyelle accentuée font leur pluriel en **-íes** aux deux genres : **Somos magrebíes** ➜ *Nous sommes maghrébin(e)s.*

À la question **¿De dónde eres?** ➜ *D'où es-tu ?*, tu peux répondre avec **ser** ou **ser de** : **Soy estadounidense** ➜ *Je suis américain* / **Soy de Nueva York** ➜ *Je suis de New York.*

MODULE 1 : ¡SOY YO!

6 Associe chaque radical à sa terminaison en cochant la bonne case ; tu retrouveras ainsi les adjectifs de nationalité des huit pays indiqués.

pays	radicaux	terminaisons							
		...ga	...ní	...cés	...mán	...cino	...go	...lino	...güense
a. Alemania	ale...								
b. Argelia	arge...								
c. Bélgica	bel...								
d. Escocia	esco...								
e. Grecia	grie...								
f. Irán	ira...								
g. Nicaragua	nicara...								
h. Túnez	tune...								

7 Ces personnages disent la ville où ils habitent. Complète leur présentation en indiquant leur nationalité (tu dois utiliser un des adjectifs trouvés dans l'exercice précédent).

a. Soy de Argel.
   Soy ....

b. Somos de Teherán.
   Somos ....

c. Somos de Managua.
   Somos ....

d. Soy de Túnez.
   Soy ....

Dire de quel club on est supporteur

Attention ! **Ser de + nom de ville** sert à dire ton lieu de résidence, mais **ser del + nom de ville** signifie être supporteur du club de la ville :
   Soy de Madrid ➔ *Je suis de Madrid.*
   Soy del Madrid ➔ *Je suis supporteur du Real Madrid.*
   Soy del Sevilla ➔ *Je suis supporteur du club de Séville.*

Pour le distinguer d'un autre club (il y en a souvent plusieurs par ville), ou simplement par tradition, on utilise parfois aussi le nom de l'institution, mais toujours avec **ser del** :
   Soy del Atlético ➔ *Je suis fan de l'Atlético de Madrid.*
   Soy del Athlétic ➔ *Je suis fan de l'Athlétic de Bilbao.*
   Soy del Dépor ➔ *Je suis fan du Deportivo de la Coruña.*

MODULE 1 : ¡SOY YO!

8 Identifie les drapeaux que portent ces personnages, puis rédige une phrase où ils diront leur nationalité et le club dont ils sont supporteurs.
Par exemple : Je suis belge. Je suis fan du Standard de Liège.

Standard de Lieja

Panathinaikos de Atenas

....

Céltic de Glasgow

Dortmund

....

Accorder les articles, les noms et les adjectifs

Articles
Tu connais les articles définis et indéfinis ; tu sais aussi qu'il n'y a pas d'article indéfini pluriel :
el hombre, *l'homme* / **la mujer**, *la femme.*
los niños, *les garçons* / **las niñas**, *les filles.*
un chico, *un jeune homme* / **una chica**, *une jeune fille.*
Tengo amigos ➜ *J'ai des amis.*

L'article **el** se fond avec les prépositions **a** et **de** : **a + el = al** ; **de + el = del**.
L'article partitif **du** n'existe pas en espagnol : **Quiero pan** ➜ *Je veux du pain.*

MODULE 1 : ¡SOY YO!

Noms

Les noms terminés en **-o** sont très majoritairement masculins (**el libro**, *le livre*). Il y a quelques exceptions, comme **la mano**, *la main*, ou encore des mots qui sont des abréviations, comme **la foto**, *la photo*.

Les noms terminés en **-a** sont généralement féminins ; mais il y a de nombreuses exceptions : **el problema**, *le problème* ; **el idioma**, *la langue* ; **el día**, *le jour*, etc.

Les noms terminés en **-e** sont masculins (**el padre**, *le père* ; **el chocolate**, *le chocolat*) ou féminins (**la madre**, *la mère* ; **la nieve**, *la neige*).

Pour former le pluriel, on ajoute **-s** aux noms terminés par une voyelle (**hombres**) et **-es** aux noms terminés par une consonne ou par un y (**mujeres, reyes**).

Adjectifs

Les adjectifs en **-o** ont un féminin en **-a** ; ceux qui se terminent par un **-a**, un **-e** ou une consonne sont invariables. Au pluriel, la règle est la même que pour les noms.
Juan es joven, fuerte y alto → *Juan est jeune, fort et grand.*
Isabel es joven, fuerte y alta → *Isabel est jeune, forte et grande.*
Mis amigos son jóvenes, fuertes y altos → *Mes amis sont jeunes, forts et grands.*

9 Entoure les bons articles pour former une séquence de mots correcte.

a.	la – el – las	solución	del – de las – de los	problemas
b.	la – los – el	colegio	de la – de las – de los	niñas
c.	las – los – el	dedos	del – de la – de las	mano
d.	los – las – la	fotos	de la – de las – del	día

Les contraires

alegre / triste	*joyeux / triste*	duro / blando	*dur / mou*
alto / bajo	*grand / petit (taille)*	fácil / difícil	*facile / difficile*
ancho / estrecho	*large / étroit*	frío / caliente	*froid / chaud*
bonito / feo	*joli / laid*	joven / viejo	*jeune / vieux*
bueno / malo	*bon / mauvais*	largo / corto	*long / court*
caro / barato	*cher / bon marché*	lento / rápido	*lent / rapide*
claro / oscuro	*clair / sombre*	ligero / pesado	*léger / lourd*

MODULE 1 : ¡SOY YO!

listo / tonto	*intelligent / bête*	redondo / cuadrado	*rond / carré*
limpio / sucio	*propre / sale*	rico / pobre	*riche / pauvre*
mojado / seco	*mouillé / sec*	útil / inútil	*utile / inutile*
pequeño / grande	*petit / grand*		

10 **Prends un moment pour mémoriser la liste de mots puis, sans la consulter, dis le contraire.**

a. La calle ancha → ....

b. El turrón (le nougat) duro → ....

c. La casa limpia → ....

d. El libro pequeño → ....

e. La mesa baja y redonda → ....

11 **Transpose ces phrases au féminin.**

a. Es un chico alegre. → ....

b. Soy alto. → ....

c. El perro es bonito. → ....

d. Mis hermanos son pobres. → ....

e. Los profesores son útiles. → ....

12 **Transpose ces phrases au pluriel en complétant l'amorce.**

a. Estudio un idioma difícil. → Estudio ....

b. El rey de España es joven. → Los ....

c. Escucho una canción vieja y triste. → Escucho ....

d. Tengo una mala profesora. → Tengo ....

e. ¿Cómo está la calle, seca o mojada? → ¿Cómo ....

MODULE 1 : ¡SOY YO!

Genre et nombre : quelques pièges

Les mots en **-or** sont masculins, contrairement à leur correspondant français qui est souvent féminin : **el color**, *la couleur* ; **el dolor**, *la douleur* ; **el calor**, *la chaleur*, etc. Les deux exceptions les plus fréquentes sont **la flor**, *la fleur*, et son composé **la coliflor**, *le chou-fleur*.

Certains mots singuliers ont une valeur collective : **la gente**, *les gens* ; **el pelo**, *les cheveux* ; **la pasta**, *les pâtes* ; **la fruta**, *les fruits* ; **el equipaje**, *les bagages*, etc.

Les mots terminés en **-ista** et **-ante** sont invariables en genre : **el / la artista**, *l'artiste* ; **el / la periodista**, *le / la journaliste* ; **el / la cantante**, *le chanteur, la chanteuse* ; **el / la estudiante**, *l'étudiant(e)*, etc.

Enfin, il y a des mots très courants qui ont un genre différent en français et en espagnol. Méfiance !

Des mots qui trompent

el aceite	l'huile
el coche	la voiture
el tomate	la tomate
la bandera	le drapeau
la leche	le lait
la mantequilla	le beurre
la sal	le sel
la sangre	le sang

13 Complète ces phrases. Tu dois mettre l'article défini devant le nom et accorder les adjectifs avec la bonne terminaison.

a. … coche de Juan es lent…, car… y fe… .

b. … tomates son redond… .

c. … flores son barat… .

d. ¿Cómo quieres … leche, frí… o calient… ?

e. ¿Cuáles son … colores de … bandera de España?

MODULE 1 : ¡SOY YO!

14 Traduis ces phrases.

a. Les gens ne sont pas intelligents, ils sont bêtes.

→ ....

b. Tes bagages ne sont pas légers, ils sont lourds.

→ ....

c. Je n'ai pas de vêtements clairs, j'aime les vêtements sombres.

→ ....

d. Toi, tu as les cheveux courts et moi j'ai les cheveux longs.

→ ....

15 En ordonnant les lettres dans les palettes, tu peux former le nom d'une couleur. Associe cette couleur (en l'accordant) au pictogramme qui lui convient dans une phrase en espagnol. Modèle : a. L'huile est verte. (Phrase à écrire en espagnol).

DEREV   MARILOLA   CANBOL   ORJO

a. ....
b. ....
c. ....
d. ....

MODULE 1 : ¡SOY YO!

16 Complète ce tableau.

masculin singulier	masculin pluriel	féminin singulier	féminin pluriel
	los deportistas rápidos		
		la cantante rica	
el estudiante alegre			
			las amigas inútiles

Dire son poids et sa taille

Le poids s'exprime en **kilos**, *kilos* ; la taille en **metros y centímetros**, *mètres et centimètres*.

¿Cuánto pesas? → *Combien pèses-tu ?*
Peso sesenta y cuatro kilos → *Je pèse soixante-quatre kilos.*
¿Cuánto mides? → *Combien mesures-tu ?*
Mido un metro setenta y dos → *Je mesure un mètre soixante-douze.*

Pesar, *peser*, est un verbe régulier du 1er groupe.
Medir, *mesurer*, est un verbe « à affaiblissement » : le **-e** du radical devient un **-i** à toutes les personnes sauf aux deux premières du pluriel.

pesar	medir
peso	mido
pesas	mides
pesa	mide
pesamos	medimos
pesáis	medís
pesan	miden

17 Dis la taille et le poids de ces enfants en toutes lettres.

a. ....
....

b. ....
....

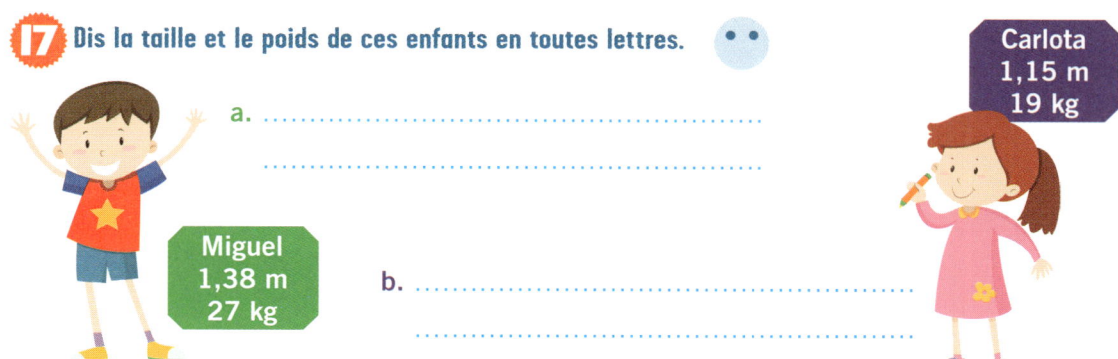

Miguel
1,38 m
27 kg

Carlota
1,15 m
19 kg

MODULE 1 : ¡SOY YO!

18 Demande à ces personnages leur taille et leur poids, et donne les réponses en toutes lettres.

a. ¿ .... ?
b. ....

a. ¿ .... ?
b. ....

19 Même exercice, mais tu t'adresses collectivement à ces personnages et ils te répondent eux aussi ensemble.

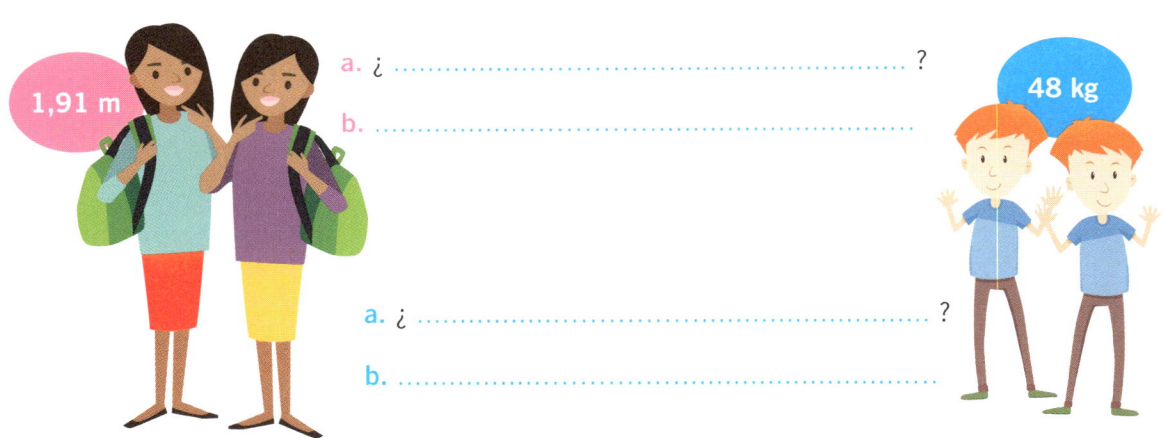

a. ¿ .... ?
b. ....

a. ¿ .... ?
b. ....

Décrire le corps humain

Tu as déjà vu l'an dernier quelques termes pour décrire *le visage*, **la cara** ; tu connais aussi déjà le nom de quelques parties *du corps*, **el cuerpo**. Révisons tout ceci et apprenons de nouveaux mots. En fait, ça va être à toi de les retrouver…

MODULE 1 : ¡SOY YO!

20 En associant les zones de forme et de couleur identiques, tu vas pouvoir former huit mots servant à décrire le visage. Écris-les en légende du pictogramme.

a. la ....
b. la ....
c. el ....
d. la ....

e. la ....
f. la ....
g. la ....
h. el ....

21 Même exercice, mais cette fois tu dois retrouver huit légendes pour le corps humain.

a. la ....
b. el ....
c. el ....
d. la ....

e. el ....
f. la ....
g. la ....
h. el ....

MODULE 1 : ¡SOY YO!

Parler du caractère des personnes

Tout comme l'aspect physique, le caractère d'une personne fait partie de son identité. Tu vas donc te servir du verbe **ser** pour en parler.

María es buena → *Marie est gentille.* **Hugo es malo** → *Hugo est méchant.*

Tu as vu les principales règles d'accord de l'adjectif (terminaisons en **-o**, en une autre voyelle ou en consonne). Il y a aussi le cas particulier des adjectifs en **-or** ; ils prennent, eux, la marque du féminin en **-a** :

un alumno trabajador → *un élève travailleur.*
una alumna trabajadora → *une élève travailleuse.*
alumnos trabajadores → *des élèves travailleurs.*
alumnas trabajadoras → *des élèves travailleuses.*

Les caractères opposés

educado / grosero	*poli / grossier*
encantador / desagradable	*charmant / désagréable*
fiel / inconstante	*fidèle / inconstant*
habilidoso / torpe	*habile / maladroit*
obediente / revoltoso	*obéissant / turbulent*
optimista / pesimista	*optimiste / pessimiste*
sentimental / racional	*sentimental / rationnel*
servicial / egoísta	*serviable / égoïste*
tranquilo / nervioso	*tranquille / nerveux*
valiente / miedoso	*courageux / peureux*

22 Prends un moment pour mémoriser la liste de mots, puis réécris la phrase avec l'adjectif contraire.

a. Mis amigas son miedosas. → ....

b. Los alumnos son muy revoltosos. → ....

c. Es una chica desagradable. → ....

d. Soy una persona tranquila. → ....

MODULE 1 : ¡SOY YO!

23 Sans consulter à nouveau la liste de mots, complète les adjectifs de ce dialogue avec les voyelles manquantes.

¡¡ERES

...NC...NST...NT...,

T...RP...

Y

...G......ST...!!

SOY

R...C......N..L,

...PT...M...ST...

Y

...D...C...D...

Parler d'un comportement habituel

Pour parler d'un comportement répétitif, caractéristique d'une personne, tu peux te servir d'une expression idiomatique : **pasarse + une unité de temps + gérondif**.
Exemples :
Me paso el tiempo estudiando → *Je passe mon temps à étudier.*
Te pasas los fines de semana haciendo la tarea → *Tu passes tes week-ends à faire tes devoirs.*

Retiens bien :
- **pasarse** est un verbe pronominal, comme **llamarse** ;
- tu emploies l'article (**el tiempo**) à la place du possessif (*mon temps*) ;
- les terminaisons du gérondif sont **-ando** pour les verbes en **-ar** (**cantando**) et **-iendo** pour les verbes en **-er** et en **-ir** (**comiendo, viviendo**). Les verbes à affaiblissement ont un radical en **-i** : **midiendo**, *en mesurant* ; **diciendo**, *en disant*, etc.

24 En utilisant l'expression apprise en leçon, rédige une phrase à partir des éléments fournis.
Exemple : a. Mario passe sa journée à dire des gros mots.

a. Mario / el día / decir palabrotas

→ ....

b. nosotras / las noches / escribir cartas de amor

→ ....

c. vosotros / la vida / hacer favores (= *rendre des services*) a la gente

→ ....

MODULE 1 : ¡SOY YO!

d. tú / los domingos / reparar el coche

➜ ....

e. ellas / el tiempo / ayudar a los amigos

➜ ....

f. yo / los viernes / decir que va a llover

➜ ....

25 Reprends les six phrases de l'exercice précédent, reporte-toi à la liste de vocabulaire et dis quel est le trait de caractère représenté dans chaque cas.

a. Mario es ....

b. Nosotras ....

c. Vosotros ....

d. Tú ....

e. Ellas ....

f. Yo ....

Dire la possession

	adjectifs	pronoms
un possesseur	mi(s) *mon, ma, mes*	el (los) mío(s), *le(s) mien(s)* la (las) mía(s), *la (les) mienne(s)*
	tu(s) *ton, ta, tes*	el (los) tuyo(s), *le(s) tien(s)* la (las) tuya(s), *la (les) tienne(s)*
	su(s) *son, sa, ses*	el (los) suyo(s), *le(s) sien(s)* la (las) suya(s), *la (les) sienne(s)*
plusieurs possesseurs	nuestro(s), nuestra(s) *notre, nos*	el (los) nuestro(s), *le(s) nôtre(s)* la (las) nuestra(s), *la (les) nôtre(s)*
	vuestro(s), vuestra(s) *votre, vos*	el (los) vuestro(s), *le(s) vôtre(s)* la (las) vuestra(s), *la (les) vôtre(s)*
	su(s) *leur, leurs*	el (los) suyo(s), *le(s) leur(s)* la (las) suya(s), *la (les) leur(s)*

MODULE 1 : ¡SOY YO!

- Remets-toi d'abord en tête les adjectifs possessifs. Comme tu le vois dans la première colonne, le genre de l'objet possédé n'apparaît pas quand il y a un seul possesseur : **mi padre**, *mon père* / **mi madre**, *ma mère*.
- Il est signalé, en revanche, quand les possesseurs sont les deux premières personnes du pluriel : **nuestro hermano**, **vuestra hermana**, *notre frère*, *votre sœur*.
- Dans la seconde colonne se trouvent les pronoms possessifs, précédés de l'article (*le mien, les tiennes,* etc.). Leur usage est semblable à celui du français, mais le genre de l'objet possédé apparaît partout : **Estos libros son los nuestros**, *Ces livres sont les nôtres* / **Estas gafas son las nuestras**, *Ces lunettes sont les nôtres*.

Le matériel scolaire

el bolígrafo	le stylo à bille
el celo	le ruban adhésif (scotch)
el cuaderno	le cahier
el estuche	la trousse
el lápiz	le crayon
el rotulador	le feutre
el sacapuntas	le taille-crayon

la goma	la gomme
la mochila	le sac à dos
la regla	la règle
la calculadora	la calculatrice
la escuadra	l'équerre
el pincel	le pinceau
la grapadora	l'agrafeuse

 26 Remplis les cases de ce tableau en indiquant la possession de deux façons, avec l'adjectif et avec le pronom. Modèle : a. C'est ton stylo. C'est le tien. Si les objets représentés sont plusieurs, tu dois accorder au pluriel.

objets possesseurs				
tú	a.	b.	c.	d. ....
nosotros	e.	f.	g.	h. ....

MODULE 1 : ¡SOY YO!

27 Même exercice, avec d'autres objets et d'autres possesseurs. Modèle : a. Ce sont ses cahiers. Ce sont les siens.

objets possesseurs				
él	a.	b.	c.	d. ....
vosotros	e.	f.	g.	h. ....

Demander à qui appartient quelque chose

- Si tu veux savoir à qui appartient quelque chose, tu utiliseras **ser de**, qui est l'équivalent de *être à*, pour la question et la réponse :
  ¿De quién es el perro? → À qui est le chien ?
  Es de Isabel → Il est à Isabel.

- Tu peux aussi répondre avec un pronom personnel (*Il est à moi, C'est à lui*, etc.). Tu te serviras dans ce cas en espagnol des formes dites « toniques » du possessif :
  mío(s), mía(s), *à moi*   **nuestro(s), nuestra(s)**, *à nous*
  tuyo(s), tuya(s), *à toi*   **vuestro(s), vuestra(s)**, *à vous*
  suyo(s), suya(s), *à lui, à elle*   **suyo(s), suyas(s)**, *à eux, à elles*
  El perro es mío → *Le chien est à moi.*
  La perra es suya → *La chienne est à lui* (ou *à elle*).

28 Sur le même principe que précédemment, tu dois maintenant, pour chaque objet, poser une question et y répondre. Modèle : a. À qui sont les crayons ? / b. Ils sont à moi. / c. Ils sont à elles.

objets possesseurs				
question	a. ¿................?	d. ¿................?	g. ¿................?	j. ¿................?
yo	b.	e.	h.	k. ....
ellos / ellas	c.	f.	i.	l. ....

MODULE 1 : ¡SOY YO!

Marquer le vouvoiement

Tu l'as appris, le vouvoiement s'exprime en espagnol par la 3ᵉ personne, comme si tu parlais au roi en français : *Votre Majesté veut-elle que je lui apporte son café ?* Sur le même principe, on dira en espagnol : **¿Quiere usted que le traiga su café?**

Usted (qui est d'ailleurs la contraction d'un ancien **Vuestra Merced**, *Votre Grâce*) est le pronom personnel sujet de vouvoiement ; **le** est le pronom personnel indirect ; et **su** est donc l'adjectif possessif servant à marquer le vouvoiement.
Es tu perro ➡ *C'est ton chien.*   **Es su perro** ➡ *C'est votre chien.*

Comme tu le vois, seul le contexte peut te dire si cette dernière phrase signifie *C'est votre chien* (vouvoiement ou formule s'adressant à plusieurs personnes), *C'est son chien* (un possesseur) ou *C'est leur chien* (plusieurs possesseurs) !

Attention aussi à ne pas confondre :
- **Es vuestra casa, amigos** ➡ *C'est votre maison, les amis* (tu t'adresses à plusieurs possesseurs, à la 2ᵉ personne du pluriel, donc sans marquer le vouvoiement de politesse) ;
- **Es su casa, señor** ➡ *C'est votre maison, Monsieur* (tu t'adresses à la 3ᵉ personne, à quelqu'un que tu vouvoies).

29 Demande à tes trois interlocuteurs si ces objets leur appartiennent. Tu dois leur poser la question de deux manières. Modèle : a. C'est ta règle ? / b. Elle est à toi, la règle ?

objets possesseurs		
tú	a. ¿.........................? b. ¿.........................?	g. ¿.........................? h. ¿.........................?
usted	c. ¿.........................? d. ¿.........................?	i. ¿.........................? j. ¿.........................?
vosotros	e. ¿.........................? f. ¿.........................?	k. ¿.........................? l. ¿.........................?

MODULE 1 : ¡SOY YO!

TÂCHE PRATIQUE :
PASSER UN APPEL TÉLÉPHONIQUE

Dire : « Allô ? »

Si tu ne reconnais pas le numéro ou si tu vouvoies ton interlocuteur, réponds **Diga**, ou **Dígame**, mot à mot *Dites* ou *Dites-moi*. On utilise donc, comme tu le vois, le subjonctif du verbe **decir** à la 3ᵉ personne.

Mais si tu sais qui t'appelle et qu'il s'agit d'un proche, tu vas bien sûr le tutoyer, et tu répondras alors **Dime**, mot à mot *Dis-moi*.

Autres formules usuelles

Poner, que tu connais au sens de *mettre, poser*, sert à dire qu'on passe quelqu'un.
Colgar, qui signifie *accrocher*, s'emploie ici au sens de *raccrocher*.

TUTOIEMENT	VOUVOIEMENT
Te llamo para… ➜ *Je t'appelle pour…*	Le llamo para… ➜ *Je vous appelle pour…*
No te oigo bien. ➜ *Je ne t'entends pas bien.*	No le oigo bien. ➜ *Je ne vous entends pas bien.*
¿Puedes repetir? ➜ *Peux-tu répéter ?*	¿Puede repetir? ➜ *Pouvez-vous répéter ?*
¿Me puedes poner con…? ➜ *Peux-tu me passer… ?*	¿Me puede poner con…? ➜ *Pouvez-vous me passer… ?*
Te pongo con… ➜ *Je te passe…*	Le pongo con… ➜ *Je vous passe…*
No cuelgues. ➜ *Ne raccroche pas.*	No cuelgue. ➜ *Ne raccrochez pas.*

Le téléphone

de parte de	*de la part de*	el teléfono	*le téléphone*
el fijo	*le fixe*	la batería	*la batterie*
el móvil	*le portable*	la cobertura	*le réseau*
el número	*le numéro*	la llamada	*l'appel*

MODULE 1 : ¡SOY YO!

30 Remets dans l'ordre les mots dans chaque zone et compose quatre phrases.

A
de   número
¿Cuál   es
móvil?   tu

B
en   llamada
fijo.   una
el   Tienes

C
no   teléfono
batería.   Mi
tiene

D
te
tengo   oigo
No   mala
porque   bien
cobertura.

a. ....
b. ....
c. ....
d. ....

31 Traduis les phrases que tu as trouvées.

a. ....
b. ....
c. ....
d. ....

32 Carmen décroche : c'est Javier qui veut parler à Adriana. Reconstitue le dialogue en disant dans quel ordre il faut lire les répliques.

1. Muchas gracias.
2. Hola, Carmen, ¿qué tal? ¿Puedo hablar con Adriana, por favor?
3. Sí, te pongo con ella.
4. Sí, ¿dígame?
5. De parte de Javier.
6. ¿De parte de quién?
7. ¿Adriana?
8. No, soy Carmen, su hermana pequeña.

a. ......   c. ......   e. ......   g. ......
b. ......   d. ......   f. ......   h. ......

33

MODULE 1 : ¡SOY YO!

DÉCOUVERTE CULTURELLE :
MADRID Y BARCELONA

Geografía, población y clima

Madrid está situada en el centro geográfico del país: el kilómetro cero de todas las carreteras de España parte de la Puerta del Sol, la famosa plaza de la capital. Tiene un clima mediterráneo continental: inviernos bastante fríos y veranos tórridos. Los madrileños son 3,2 millones.

Barcelona es la segunda ciudad del país: hay 1,6 millón de barceloneses. Es la capital de la Comunidad autónoma de Cataluña, que tiene dos lenguas co-oficiales: el castellano (o español) y el catalán. Tiene un clima más cálido que Madrid, inviernos un poco menos fríos y temperaturas más moderadas en verano.

Paseando por las calles

Madrid es la ciudad europea con más zonas verdes y la segunda del mundo con más árboles. Si paseas por el Parque del Retiro, en pleno centro, puedes pensar que estás en el campo... Barcelona, por su parte, tiene grandes playas en la misma ciudad, como la de la Barceloneta.

La Plaza Mayor es el centro del Madrid antiguo, con calles y plazas pequeñas. El Paseo del Prado representa el Madrid del siglo XVIII, con fuentes y grandes avenidas. Las Ramblas son el paseo histórico de Barcelona. Artistas callejeros, puestos de flores, vendedores de pájaros...: es la forma más animada de recorrer la ciudad hasta el puerto.

Arquitectura y museos

En unas pocas calles de Madrid, el Triángulo del Arte (Museo del Prado, Museo Thyssen y Centro de Arte Reina Sofía) ofrece a los amantes de la pintura una de las mayores concentraciones de cuadros de Europa. Barcelona destaca por su arquitectura, y especialmente por las obras de Antoni Gaudí: casas (La Pedrera), parques (Parque Güell) y la catedral de la Sagrada Familia.

MODULE 1 : ¡SOY YO!

Y por fin… ¡fútbol!

Real Madrid y **Fútbol Club Barcelona** son los dos clubes que dominan el fútbol español, pero hay otros grandes equipos en las dos ciudades: el Español de Barcelona y el Atlético de Madrid (sin contar el Rayo vallecano, el Getafe y el Leganés, a pocos kilómetros de la capital).

	victorias	empates	goles
Real Madrid	95	49	399
FC Barcelona	93		387

El clásico (estadística 1915-2017: 237 partidos)

El Real Madrid viste de blanco (lo llaman el equipo "merengue"). Los colores del Barça son azul y granate: son los azulgranas, o blaugranas en catalán. "¡Hala Madrid!", "¡Visca el Barça! Y "¡Aúpa Atleti!" son las consignas de los respectivos hinchas.

33 Vrai ou faux ? Coche les cases.

		VERDAD	MENTIRA
a.	En Madrid hay dos lenguas oficiales.		
b.	Madrid tiene más habitantes que Barcelona.		
c.	Las Ramblas son un museo de Barcelona.		
d.	Los inviernos son más fríos en Madrid.		
e.	La Barceloneta es la playa de Barcelona.		
f.	El Español es un club de fútbol madrileño.		
g.	Madrid tiene playas.		

MODULE 1 : ¡SOY YO!

34 À quelle ville associes-tu les mots de la liste ? Coche les cases Madrid ou Barcelona.

		MADRID	BARCELONA
a.	azulgrana		
b.	Gaudí		
c.	merengue		
d.	Museo del Prado		
e.	Plaza Mayor		
f.	Retiro		
g.	Sagrada Familia		

35 Complète ces slogans de supporteurs.

a. ¡Aúpa ....!

b. ¡Visca ....!

c. ¡Hala ....!

MODULE 1 : ¡SOY YO!

36 Cherche dans les textes de ces pages la traduction espagnole de ces mots.

a.	arbre	
b.	avenue	
c.	but	
d.	campagne	
e.	doux	
f.	fontaine	
g.	match nul	
h.	port	
i.	route	
j.	slogan	
k.	supporteur	
l.	tableau	

MODULE 1 : ¡SOY YO!

Bilan

😊 😐 ☹️

S'identifier, dire où l'on est
1. ……… ☐ ☐ ☐
2. ……… ☐ ☐ ☐
3. ……… ☐ ☐ ☐
4. ……… ☐ ☐ ☐
5. ……… ☐ ☐ ☐

Dire d'où l'on est
6. ……… ☐ ☐ ☐
7. ……… ☐ ☐ ☐

Dire de quel club on est supporteur
8. ……… ☐ ☐ ☐

Accorder les articles, les noms et les adjectifs
9. ……… ☐ ☐ ☐
10. ……… ☐ ☐ ☐
11. ……… ☐ ☐ ☐
12. ……… ☐ ☐ ☐

Genre et nombre : quelques pièges
13. ……… ☐ ☐ ☐
14. ……… ☐ ☐ ☐
15. ……… ☐ ☐ ☐
16. ……… ☐ ☐ ☐

Dire son poids et sa taille
17. ……… ☐ ☐ ☐
18. ……… ☐ ☐ ☐
19. ……… ☐ ☐ ☐

Décrire le corps humain
20. ……… ☐ ☐ ☐
21. ……… ☐ ☐ ☐

Parler du caractère des personnes
22. ……… ☐ ☐ ☐
23. ……… ☐ ☐ ☐

Parler d'un comportement habituel
24. ……… ☐ ☐ ☐
25. ……… ☐ ☐ ☐

Dire la possession
26. ……… ☐ ☐ ☐
27. ……… ☐ ☐ ☐

Demander à qui appartient quelque chose
28. ……… ☐ ☐ ☐

Marquer le vouvoiement
29. ……… ☐ ☐ ☐

Tâche pratique
Passer un appel téléphonique
30. ……… ☐ ☐ ☐
31. ……… ☐ ☐ ☐
32. ……… ☐ ☐ ☐

Découverte culturelle
Madrid y Barcelona
33. ……… ☐ ☐ ☐
34. ……… ☐ ☐ ☐
35. ……… ☐ ☐ ☐
36. ……… ☐ ☐ ☐

¿Qué te parece?

Objectifs

- **Tu vas apprendre à :**
  Dire ce que tu penses
  Dire « je ne pense pas que… »
  Dire ce que tu crois
  Dire « je ne crois pas que… »
  Dire « moi aussi », « moi non plus », etc.
  Parler de tes savoirs et capacités
  Parler des cinq sens
  Parler des sensations physiques
  Parler des douleurs physiques

- **Pour cela, tu vas maîtriser :**
  Le présent de l'indicatif des verbes réguliers, à diphtongue et à affaiblissement
  Le présent de l'indicatif des verbes en **-go** et en **-zco**
  Le présent de l'indicatif de verbes irréguliers inclassables : **saber, oler, oír**
  L'emploi du subjonctif présent après une principale à la forme négative
  Le présent du subjonctif des verbes réguliers, à diphtongue, en **-go** et à affaiblissement
  Diverses formules exprimant l'opinion : **estoy seguro, me parece, estoy a favor, en contra…**
  Les formules d'accord et de désaccord : **estoy de acuerdo, yo (a mí) también / yo (a mí) tampoco**
  La construction de **oler, saber, doler**
  Lexique : les technologies ; les activités sportives ; les cinq sens et les verbes de sensation ; le nom des sucreries ; les ressentis physiques (chaleur, froid, faim, soif, sommeil, envie) ; quelques organes et parties du corps

- **Tu seras aussi capable de :**
  Prendre position dans une discussion

- **Et tu vas découvrir :**
  L'Amérique latine, géographie et populations

Module 2

MODULE 2 : ¿QUÉ TE PARECE?

Dire ce que l'on pense

pensar
pienso
piensas
piensa
pensamos
pensáis
piensan

Pensar, *penser*, est le verbe le plus simple pour exprimer tes pensées. Attention, il s'agit d'un verbe à diphtongue, dont tu as appris la conjugaison en classe de 5ᵉ : le **-e** du radical devient **-ie** à toutes les personnes sauf aux deux premières du pluriel.

Si tu veux renforcer ton affirmation, tu pourras aussi dire : **estoy seguro(a) de que**, *je suis sûr(e) que* (n'oublie pas le **de** !).

❶ Reformule ces phrases, en transformant les pensées (verbe *pensar*) en certitudes (tournure *estar seguro de que*). Tu dois à chaque fois conserver la personne donnée dans la phrase de départ.

a. ¿Piensas que es verdad?

➜ ....

b. Pensamos que es mentira.

➜ ....

c. María y Ana piensan que hoy hay examen.

➜ ....

d. ¿Piensa usted que va a llover, señora?

➜ ....

e. ¿Pensáis que es una buena idea?

➜ ....

f. Pienso que Paco me va a ayudar.

➜ ....

MODULE 2 : ¿QUÉ TE PARECE?

Dire « je ne pense pas que… »

Tu peux bien sûr exprimer une pensée ou une certitude en commençant par une négation. Comme en français, le verbe de la seconde partie de la phrase se mettra alors au subjonctif : **No pienso que <u>sea</u> verdad** → *Je ne pense pas que ce <u>soit</u> vrai.*

Le présent du subjonctif régulier se construit en partant du présent de l'indicatif : le radical est celui de la 1re personne du singulier et on inverse les terminaisons (en **-e** pour les verbes en **-ar** ; en **-a** pour les verbes en **-er** et en **-ir**).

	hablar			beber			vivir	
	indicatif	subjonctif		indicatif	subjonctif		indicatif	subjonctif
habl	o	e	beb	o	a	viv	o	a
	as	es		es	as		es	as
	a	e		e	a		e	a
	amos	emos		emos	amos		imos	amos
	áis	éis		éis	áis		ís	áis
	an	en		en	an		en	an

2 **Mets le verbe principal à la forme négative et réécris ces phrases.**

a. Estoy seguro de que te llamas Ana.

→ ....

b. Pienso que mis hermanos comen demasiado.

→ ....

c. Estamos seguros de que esta tienda abre los domingos.

→ ....

d. Los profesores piensan que hablo bien español.

→ ....

e. Pienso que cantáis fatal.

→ ....

f. Estáis seguros de que vivimos felices.

→ ....

MODULE 2 : ¿QUÉ TE PARECE?

3 Exercice inverse : mets les verbes principaux à la forme affirmative.

a. No estoy seguro de que bailéis muy bien.

→ ....

b. No pienso que a tu padre le guste el rock.

→ ....

c. No estoy seguro de que Pedro pese más que yo.

→ ....

d. No estoy segura de que trabajes bien en el colegio.

→ ....

e. No pienso que mis alumnos lean mucho.

→ ....

f. Los profesores no piensan que escribamos bien.

→ ....

Dire ce que l'on croit

Tu peux aussi dire ce que tu penses de façon moins directe, par exemple avec **creer**, *croire* ; il s'agit d'un verbe du 2ᵉ groupe, terminé en **-er** (radical **cre-**, terminaison **-er**) : **creo que**, *je crois que*.

Autre outil : le verbe **parecer**, *sembler*, que tu emploieras comme en français dans une tournure indirecte. Exemple : **me parece que**, *il me semble que* / **¿Qué te parece?** → *Qu'est-ce que tu en penses ?* (mot à mot « Qu'est-ce qu'il te semble ? ») / **A mi padre le parece que no trabajo bastante** → *Mon père pense que je ne travaille pas assez.*

creer	parecer, sembler			
creo	me		il me	
crees	te		il te	
cree	le	parece que	il lui	semble que
creemos	nos		il nous	
creéis	os		il vous	
creen	les		il leur	

MODULE 2 : ¿QUÉ TE PARECE?

 Toutes ces phrases expriment une croyance (verbe *creer*) ; reformule-les avec l'autre tournure apprise dans la leçon (verbe *parecer*).

a. Creo que voy a vender el coche.

➜ ....

b. Mis padres son ecologistas y creen que lo mejor es la bicicleta.

➜ ....

c. ¿Creéis que es la solución?

➜ ....

d. Luis cree que el metro es rápido y barato.

➜ ....

e. ¿Crees que es mejor ir a pie al trabajo?

➜ ....

f. Creemos que el autobús es más simpático.

➜ ....

Dire « je ne crois pas que… »

La règle que tu as apprise s'applique à nouveau : si tu emploies un verbe exprimant une croyance à la forme négative, la subordonnée sera au subjonctif, en français comme en espagnol : **No creo que puede ir al fútbol** ➜ *Je ne crois pas que je puisse aller au football.* / **No me parece que sea una buena idea** ➜ *Il ne me semble pas que ce soit une bonne idée.*

Voyons quelques irrégularités du subjonctif. Quand la 1re personne de l'indicatif est irrégulière, tout le subjonctif va prendre cette irrégularité. C'est le cas des verbes en **-go**, et aussi des verbes à affaiblissement.

hacer	indicatif	**hag**o	haces	hace	hacemos	hacéis	hacen
	subjonctif	**hag**a	**hag**as	**hag**a	**hag**amos	**hag**áis	**hag**an
pedir	indicatif	**pid**o	pides	pide	pedimos	pedís	piden
	subjonctif	**pid**a	**pid**as	**pid**a	**pid**amos	**pid**áis	**pid**an

43

MODULE 2 : ¿QUÉ TE PARECE?

Les verbes à diphtongue sont à part : le radical suit celui du présent de l'indicatif à toutes les personnes (il ne diphtongue donc pas aux deux premières personnes du pluriel). Observe par exemple le cas de ces verbes en **-o** (diphtongaison en **-ue**).

	contar	
	indic.	subj.
cuent	o	e
	as	es
	a	e
cont	amos	emos
	áis	éis
cuent	an	en

	poder	
	indic.	subj.
pued	o	a
	es	as
	e	a
pod	emos	amos
	éis	áis
pued	en	an

5 Remets-toi en tête les conjugaisons de base. Dans ce tableau se trouvent sept verbes irréguliers usuels : en *-go*, à diphtongue et aussi à affaiblissement. Complète leur conjugaison au présent de l'indicatif.

infinitif	yo	tú	él, ella	nosotros, nosotras	vosotros, vosotras	ellos, ellas
	vengo					
						vuelven
			cierra			
		sirves				
vestir						
				salimos		
					tenéis	

6 Mets le verbe principal à la forme négative et réécris ces phrases.

a. Me parece que Javier tiene mucho dinero.

→ ....

b. Mi padre cree que el dinero sirve para ser feliz.

→ ....

c. Creo que cada año vienen más turistas.

→ ....

MODULE 2 : ¿QUÉ TE PARECE?

d. Me parece que el profesor viste muy bien.

→ ....

e. Le parece que salimos muy tarde del colegio.

→ ....

7 Exercice inverse : mets le verbe principal à la forme affirmative et réécris ces phrases.

a. No cree que el supermercado cierre los domingos.

→ ....

b. No creo que podamos estar contentos.

→ ....

c. No me parece que hagáis muchos esfuerzos.

→ ....

d. No parece que vuelva el buen tiempo.

→ ....

e. Mis padres no creen que yo les pida demasiado dinero.

→ ....

Dire « moi aussi », « moi non plus », etc.

Tu peux réagir en utilisant des formules courtes (« moi aussi », « pas moi », etc.). C'est facile, mais il y a plusieurs cas de figure ! Fais bien attention, par exemple, si tu réagis à une construction indirecte, comme **parecer** ou **gustar** : il faudra utiliser la préposition **a** + le pronom personnel qui convient.

	👍	👎
Tengo un móvil. → J'ai un portable.	Yo también. → Moi aussi.	Yo no. → Pas moi.
Me gustan las tecnologías. → J'aime les technologies.	A mí también. → Moi aussi.	A mí no. → Pas moi.

MODULE 2 : ¿QUÉ TE PARECE?

Si tu réponds à une phrase négative, **también**, aussi, deviendra **tampoco**, non plus.

	👍	👎
No tengo Facebook. → *Je n'ai pas de compte Facebook.*	**Yo tampoco.** → *Moi non plus.*	**Yo sí.** → *Moi si.*
No me gusta Instagram. → *Je n'aime pas Instagram.*	**A mí tampoco.** → *Moi non plus.*	**A mí sí.** → *Moi si.*

8 Voici trois collégiens : Andrea et Diego sont fans de technologies ; Paula pas du tout. En t'aidant de la boîte à mots, traduis ce que dit chacun d'eux, puis écris la réaction des deux autres (le premier est du même avis, Paula non).

		Andrea	Diego	Paula
Andrea	J'adore les écrans et les réseaux sociaux. a.		b.	c.
Diego	J'envoie beaucoup de messages. d.	e.		f.

Les technologies

conectarse	*se connecter*
el mensaje	*le message*
el ordenador	*l'ordinateur*
Internet	*Internet*

la pantalla	*l'écran*
las redes sociales	*les réseaux sociaux*
mandar	*envoyer*

MODULE 2 : ¿QUÉ TE PARECE?

9 C'est au tour de Paula de parler ; et aussi de Manuel, qui n'aime pas non plus les technologies. Comme dans l'exercice précédent, traduis ce que dit chacun d'eux, puis écris la réaction des deux autres (le premier est du même avis, Andrea non).

		Paula	Manuel	Andrea
Paula	Je n'aime pas les ordinateurs. a.		b.	c.
Manuel	Je ne me connecte pas à Internet pour les devoirs. d.	e.		f.

Parler de ses savoirs et capacités

Poder est le verbe de base pour parler de tes capacités en général :
Puede lanzar un peso de siete kilos a veinte metros → *Il peut lancer un poids de sept kilos à vingt mètres.*

Retiens aussi **ser capaz de**, *être capable de* :
Soy capaz de saltar en paracaídas. → *Je suis capable de sauter en parachute.*

Pour les capacités de compréhension, attention aux irrégularités de **saber**, *savoir*, et **conocer**, *connaître*, qui ont une première personne du présent particulière : **sé**, *je sais* ; **conozco**, *je connais*. La suite de la conjugaison est régulière. Les verbes en **-acer** (sauf **hacer**), **-ocer**, **-ecer**, **-ucir** ont tous cette irrégularité : **parecer**, **parezco**, *je semble* ; **conducir**, **conduzco**, *je conduis* ; **traducir**, **traduzco**, *je traduis*, etc.

MODULE 2 : ¿QUÉ TE PARECE?

Les activités sportives

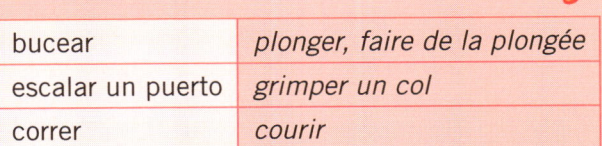

bucear	plonger, faire de la plongée	marcar un gol	marquer un but
escalar un puerto	grimper un col	nadar	nager
correr	courir	levantar	soulever

10 Apprends les verbes de la boîte à mots puis, sans la consulter à nouveau, rédige les phrases qui correspondent aux éléments fournis. Tu dois :
— te servir de la personne grammaticale donnée ;
— donner à chaque fois deux possibilités (pouvoir / être capable).

Yo

a. .... / .... desde el centro del campo.

Nosotras

b. .... / .... cincuenta metros en treinta segundos.

Ellos

c. .... / .... una maratón.

Ella

d. .... / .... a cien metros de profundidad.

MODULE 2 : ¿QUÉ TE PARECE?

Tú

e. .... / .... un peso de ochenta kilos.

Vosotros

f. .... / .... de primera categoría.

11 Complète ces courts dialogues. Question : on demande à la ou aux personnes indiquées si elles connaissent cette région espagnole ; réponse : négative.

a. ¿... Andalucía? (tú)

b. No, ...

c. ¿... Cataluña? (vosotros)

d. No, ...

e. ¿... Galicia? (usted)

f. No, ...

12 Reformule ces phrases en introduisant le verbe *saber*.
Exemple : a. Vous parlez chinois ? → Vous savez parler chinois ?

a. ¿Habláis chino? → ....

b. Conduzco una moto. → ....

c. Cuentan hasta diez en árabe. → ....

d. Pides un café en español. → ....

e. Nos servimos de un ordenador. → ....

f. Traduce del alemán al ruso. → ....

MODULE 2 : ¿QUÉ TE PARECE?

Parler des cinq sens

- **Tocar**, *toucher*, est régulier, et tu connais déjà la conjugaison de **ver**, *voir*. Les trois autres verbes dits de sensation présentent diverses irrégularités.

- **Oír**, *entendre*, est un verbe en **-go** ; il s'écrit avec un **y** intercalé aux 2e et 3e personnes du singulier et à la 3e du pluriel.

oír	oler
oigo	huelo
oyes	hueles
oye	huele
oímos	olemos
oís	oléis
oyen	huelen

- **Oler**, *sentir*, est un verbe à diphtongue qui s'écrit avec un **h** initial à toutes les personnes sauf les deux premières du pluriel.

- On peut construire **oler** avec un adverbe : **Huelo bien** → *Je sens bon* / **Hueles mal** → *Tu sens mauvais*. S'il est suivi d'un complément, ce sera avec la préposition **a** et sans article : **Huele a queso** → *Ça sent le fromage.*

- Avoir le goût de se dit **saber**. Oui, comme le verbe *savoir* ! On l'utilise surtout, en fait, à la 3e personne, et il se construit alors avec la préposition **a** : **Estos tomates no saben a tomate** → *Ces tomates n'ont pas un goût de tomate* / **¿A qué sabe?** → *Ça a quel goût ?*

Les cinq sens et les verbes de sensation

el oído	*l'ouïe*
el olfato	*l'odorat*
el tacto	*le toucher*
la vista	*la vue*
el sabor	*le goût*
oler	*sentir*
tocar	*toucher*
ver	*voir*
oír	*entendre*
saber a	*avoir le goût de*
probar (diphtongue -ue)	*goûter*

MODULE 2 : ¿QUÉ TE PARECE?

13 Sans consulter à nouveau la boîte à mots, associe à chaque pictogramme celui des cinq sens qui lui correspond.

a. la lengua   b. los dedos   c. los ojos   d. la nariz   e. las orejas

→ .... → .... → .... → .... → ....

14 Complète chaque phrase avec un verbe de sensation à la 1ʳᵉ personne.

a. .... con la lengua.

b. .... con los dedos.

c. .... con los ojos.

d. .... con la nariz.

e. .... con las orejas.

15 En commençant par le cœur de la fleur, puis en mettant en ordre les pétales, tu vas pouvoir composer une phrase. Écris-la et traduis-la.

a. .... c. .... e. ....

b. .... d. .... f. ....

MODULE 2 : ¿QUÉ TE PARECE?

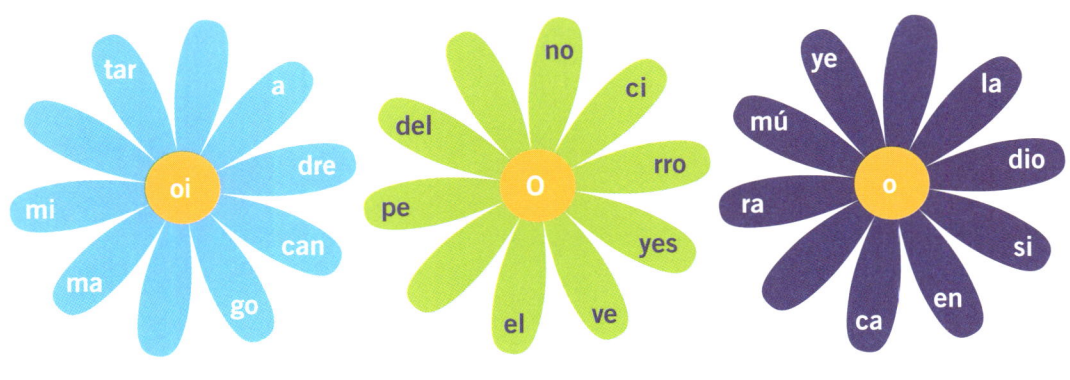

g. .... i. .... k. ....

h. .... j. .... l. ....

Sucreries et parfums

el caramelo	le bonbon	el pirulí	la sucette
el chicle	le chewing-gum	la menta	la menthe
la fresa	la fraise	el limón	le citron
la galleta	petit gâteau	la vainilla	la vanille

16 Dis quel est le goût des quatre sucreries. Modèle : Ce / cette / ces ... ont un goût de ...

MODULE 2 : ¿QUÉ TE PARECE?

a. Esta ....

b. Este ....

c. Estos ....

d. Estos ....

17 Traduis ces phrases.

a. Vous sentez mauvais, Monsieur. → ....

b. Vous sentez bon, les amis. → ....

c. Ça sent la mer. → ....

d. Nous sentons le chien. → ....

e. Tu sens la pluie. → ....

f. Je sens le poisson. → ....

Parler de sensations physiques

Comme en français avec « *avoir* » (*avoir froid*, *faim*, *soif*, etc.), tu peux exprimer en espagnol un grand nombre de ressentis physiques avec le verbe **tener**, toujours suivi d'un nom. Attention, tu ne diras donc pas « *j'ai chaud* », mais mot à mot « *j'ai chaleur* » : **tengo calor**.

Si tu veux qualifier ce ressenti (beaucoup, peu, assez, etc.), tu vas utiliser des adjectifs de quantité et les accorder :
Tengo mucho calor :
→ *J'ai très chaud.*
Tengo pocas ganas de trabajar :
→ *J'ai peu envie de travailler.*

Les ressentis physiques

tener calor	*avoir chaud*
tener frío	*avoir froid*
tener ganas	*avoir envie*
tener hambre	*avoir faim*
tener sed	*avoir soif*
tener sueño	*avoir sommeil*

MODULE 2 : ¿QUÉ TE PARECE?

18 Voici trois propositions qui tombent très bien et que tu vas accepter avec grand plaisir.
Réponds : « Oui, s'il te plaît, j'ai très... » + la formule qui convient dans la boîte à mots.

¿Quieres un refresco?

a. Sí, ...

¿Quieres una hamburguesa con patatas fritas?

b. Sí, ...

¿Vamos al cine?

c. Sí, ... de ver una película.

19 Inversement, tu vas refuser ces trois autres propositions.
Modèle : « Non, merci, je n'ai pas très... » + formule à trouver dans la boîte à mots.

¿Pongo la calefacción? *(chauffage)*

a. No, ...

¿Pongo el aire acondicionado? *(climatisation)*

b. No, ...

¿Vamos a la cama?

c. No, ...

Parler de douleurs physiques

Pour dire qu'on « a mal » quelque part, l'espagnol dit que quelque chose « fait mal ». On se sert de ce verbe **doler**, *faire mal* – avec un pronom personnel indirect qui dit la personne concernée. Le sujet, au singulier ou au pluriel, c'est la partie du corps qui fait mal :
Me duele la cabeza ➜ *J'ai mal à la tête* (littéralement « me fait mal la tête »).
Nos duelen los pies ➜ *Nous avons mal aux pieds* (« nous font mal les pieds »).
Comme pour **gustar**, tu peux préciser ou développer le complément indirect :
A mí me duelen las piernas ➜ *Moi, j'ai mal aux jambes.*
A Pedro le duele un brazo ➜ *Pedro a mal à un bras.*

Dans la boîte à mots, tu vas trouver **oídos** pour *oreilles*. **Oreja**, que tu connais, signifie bien *oreille*, mais c'est l'oreille externe, pas l'intérieur, qui sert à entendre. De même, tu connaissais **dientes** pour *dents* ; mais on emploie souvent aussi **muelas**, *molaires*, pour parler des dents en général.

MODULE 2 : ¿QUÉ TE PARECE?

Organes et parties du corps

el estómago	l'estomac
el pecho	la poitrine
la espalda	le dos
la garganta	la gorge
las muelas	les dents
los oídos	les oreilles

20 Apprends les mots donnés dans la boîte à mots puis, sans la consulter à nouveau, légende ces pictogrammes.

a. ....
b. ....
c. ....
d. ....
e. ....
f. ....

21 Reprends, dans l'ordre de l'exercice précédent, les six parties du corps et associe-les aux six personnes données dans une phrase du type « X a mal à Y ».

a. [tú] ....
b. [usted] ....
c. [los niños] ....
d. [yo] ....
e. [vosotros] ....
f. [nosotros] ....

MODULE 2 : ¿QUÉ TE PARECE?

TÂCHE PRATIQUE : PRENDRE POSITION DANS UNE DISCUSSION

Pour ou contre

Pour et contre se disent **a favor (de)** et **en contra (de)** ; on les emploie avec le verbe **estar** :
¡Estoy a favor! → *Je suis pour !*
¡Estoy en contra! → *Je suis contre !*
Estoy a favor de la bicicleta. → *Je suis pour le vélo.*
Estoy en contra del coche. → *Je suis contre la voiture.*

D'accord ou pas

D'accord se dit **de acuerdo** et s'utilise aussi avec **estar**. Tu peux ajouter **con**, *avec*.
Estoy de acuerdo. → *Je suis d'accord.*
Estamos de acuerdo con él. → *Nous sommes d'accord avec lui.*
Attention ! Si **con** précède « moi » ou « toi », il s'écrit en un mot : **conmigo**, *avec moi*, et **contigo**, *avec toi*.
¿Estás de acuerdo conmigo? → *Tu es d'accord avec moi ?*
No, no estoy de acuerdo contigo. → *Non, je ne suis pas d'accord avec toi.*

Avoir raison, avoir tort

Tu peux enfin prendre parti en donnant raison ou tort aux autres, avec **tener razón** et **estar equivocado** :
¡Pedro tiene razón! → *Pedro a raison !*
¡Gloria está equivocada! → *Gloria a tort !*

22 L'uniforme à l'école ? Ces collégiens donnent leur avis. Lis leurs arguments en page suivante et dis, pour chacun d'eux, s'il est pour ou contre.

a. Adriana .... uniforme.

b. Pablo .... uniforme.

c. Rosa .... uniforme.

d. Carla .... uniforme.

e. Rafael .... uniforme.

f. Sergio .... uniforme.

MODULE 2 : ¿QUÉ TE PARECE?

Adriana: Yo quiero vestirme como a mí me apetece.

Pablo: ¿Todos iguales? ¿Y la personalidad de cada uno?

Rosa: No está bien que en la escuela unos lleven ropa de marca y otros no.

Carla: ¿Por qué no? Yo no voy a clase para enseñar mi ropa.

Rafael: Me parece muy bien que todos vistan igual; así no hay discriminaciones.

Sergio: No creo que sea la solución. Cuando salimos de clase sigue el problema de las marcas.

23 Sont-ils d'accord entre eux ou pas ? Rédige une phrase pour chaque couple de collégiens.

a. Adriana/Sergio : ....

b. Pablo/Rafael : ....

24 Les collégiens discutent. Que vont-ils se dire : « Je suis d'accord avec toi » ou « Je ne suis pas d'accord avec toi » ?

a. Rosa ➜ Pablo : ¡ ....!

b. Carla ➜ Rafael : ¡ ....!

25 Les collégiens, maintenant, se disent : « Tu as raison ! » ou « Tu as tort ! » :

a. Rosa ➜ Carla : ¡ ....!

b. Rafael ➜ Sergio : ¡ ....!

MODULE 2 : ¿QUÉ TE PARECE?

DÉCOUVERTE CULTURELLE : L'AMÉRIQUE LATINE, GÉOGRAPHIE ET POPULATIONS

Geografía

América latina (o **Latinoamérica**) son los 19 países americanos que tienen el español o el portugués como idioma oficial. Cuando se habla de **Hispanoamérica**, en cambio, no se incluye a Brasil. Desde Tijuana (norte de México) hasta Ushuaía (sur de Argentina), ¡puedes recorrer 11000 kilómetros hablando únicamente español!

Latinoamérica se encuentra entre dos océanos, el Pacífico y el Atlántico (con el mar del Caribe en la zona de las Antillas). Tiene varios récords mundiales: más larga cordillera de montañas (los Andes, más de 7000 km); capital más alta (La Paz, Bolivia, 3600 metros); río más caudaloso (el Amazonas).

Amazonia, grande como diez veces Francia, se extiende sobre seis países: Brasil, Colombia, Ecuador, Venezuela, Bolivia y Perú.

26 À partir des informations fournies, légende cette carte (mers, océans, fleuves, ensembles géographiques).

a. ....
b. ....
c. ....
d. ....
e. ....
f. ....

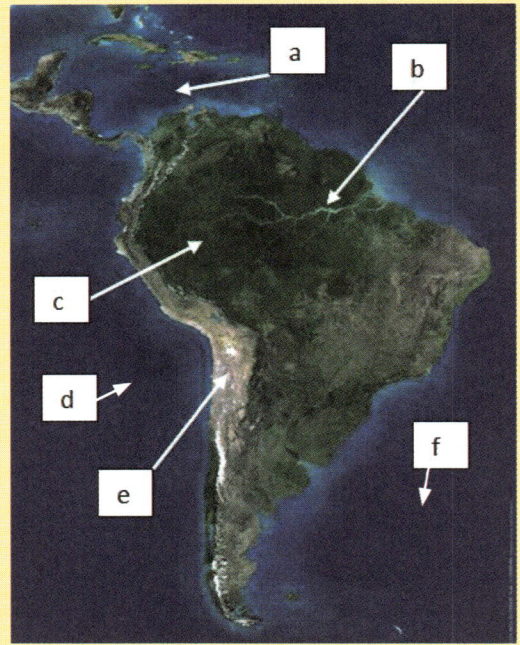

MODULE 2 : ¿QUÉ TE PARECE?

Población

Los hispanoamericanos rondan los 400 millones. El país hispanoamericano más poblado es México (120 millones), seguido de Colombia (más de 48 millones) y Argentina (casi 44 millones). El más extenso es precisamente Argentina (5,5 veces mayor que España).

La población de Hispanoamérica es en mayoría mestiza: casi la mitad de la población lo es, pero la repartición étnica es muy desigual según los países.

La presencia indígena es importante en las zonas que corresponden a los antiguos grandes imperios precolombinos: más del 60% en Bolivia y entre 40% y 50% en Perú y Ecuador (zona inca); más del 60% en Guatemala (zona maya) y en torno al 15% en México (zona azteca). Los afroamericanos se concentran en el Caribe.

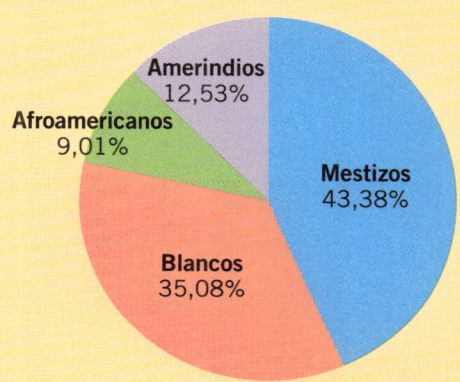

Al revés, en Argentina y Uruguay los indígenas son menos del 1%. Son inmigrantes europeos quienes van a venir a esas tierras poco pobladas a finales del siglo XIX y principios del XX: españoles, pero también muchos italianos, alemanes, irlandeses, polacos, etc.

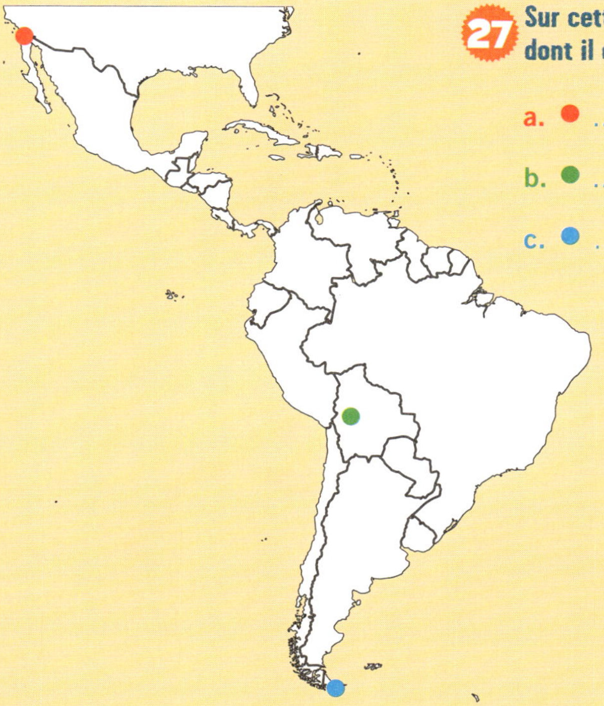

27 Sur cette carte, identifie les trois villes dont il est question dans la leçon.

a. ●..........................

b. ●..........................

c. ●..........................

28 La leçon cite sept pays : Argentine, Bolivie, Équateur, Guatemala, Mexique, Pérou, Uruguay. Colorie-les en appliquant le code fourni.

Población indígena

■ Más del 60%
■ Entre 40% y 50%
■ Entre 10% y 20%
■ Menos del 1%

MODULE 2 : ¿QUÉ TE PARECE?

Bilan

😊 😐 ☹️

Dire ce que l'on pense
1. ……… ☐ ☐ ☐

Dire « je ne pense pas que… »
2. ……… ☐ ☐ ☐
3. ……… ☐ ☐ ☐

Dire ce que l'on croit
4. ……… ☐ ☐ ☐

Dire « je ne crois pas que… »
5. ……… ☐ ☐ ☐
6. ……… ☐ ☐ ☐
7. ……… ☐ ☐ ☐

Dire « moi aussi », « moi non plus », etc.
8. ……… ☐ ☐ ☐
9. ……… ☐ ☐ ☐

Parler de ses savoirs et capacités
10. ……… ☐ ☐ ☐
11. ……… ☐ ☐ ☐
12. ……… ☐ ☐ ☐

Parler des cinq sens
13. ……… ☐ ☐ ☐
14. ……… ☐ ☐ ☐
15. ……… ☐ ☐ ☐
16. ……… ☐ ☐ ☐
17. ……… ☐ ☐ ☐

Parler de sensations physiques
18. ……… ☐ ☐ ☐
19. ……… ☐ ☐ ☐

Parler de douleurs physiques
20. ……… ☐ ☐ ☐
21. ……… ☐ ☐ ☐

Tâche pratique
Prendre position dans une discussion
22. ……… ☐ ☐ ☐
23. ……… ☐ ☐ ☐
24. ……… ☐ ☐ ☐
25. ……… ☐ ☐ ☐

Découverte culturelle
L'amérique latine, géographie et populations
26. ……… ☐ ☐ ☐
27. ……… ☐ ☐ ☐
28. ……… ☐ ☐ ☐

Escúchame

Objectifs

- **Tu vas apprendre à :**
  - Féliciter, présenter des vœux, souhaiter quelque chose
  - Exprimer un désir ou un souhait
  - Demander quelque chose
  - Dire « je te demande de… », « je te dis de… »
  - Donner des conseils et des recommandations
  - Donner des ordres à l'impératif
  - Interdire
  - Dire ce qui est obligatoire, bon, mauvais, important…
  - Donner des ordres et interdire au vouvoiement

- **Pour cela, tu vas maîtriser :**
  - L'emploi du subjonctif dans les phrases introduites par :
    - **quiero que, deseo que**
    - **pido que, digo que**
    - **aconsejo que, recomiendo que**
  - Les emplois de **pedir** et **preguntar**
  - Le subjonctif présent des verbes réguliers, en **-go**, à diphtongue et à affaiblissement (révision)
  - Le subjonctif présent des verbes irréguliers **ser**, **estar**, **saber**, **ir** et **ver**
  - La formation de l'impératif
  - Les huit impératifs irréguliers
  - L'expression de l'interdiction : **no** + subjonctif
  - L'ordre et l'interdiction au vouvoiement
  - Lexique : les formules de vœux, souhaits et félicitations ; les tâches domestiques ; la table et les couverts ; les usages d'Internet

- **Tu seras aussi capable de :**
  - Faire une omelette espagnole

- **Et tu vas découvrir :**
  - Les plages en Espagne

Module 3

MODULE 3 : ESCÚCHAME

Vœux et félicitations

Apprends les formules brèves dont tu as besoin, au quotidien, pour dire « bon appétit », « félicitations », « bonne chance », etc. Sais-tu par exemple souhaiter un bon anniversaire et chanter le petit refrain traditionnel en espagnol ? Vas-y, c'est à toi : **Cumpleaños feliz** *(bis)* / **Te deseamos todos** / **cumpleaños feliz**.

Retiens que les Espagnols fêtent beaucoup leur éphéméride. Le moins que tu puisses faire, à cette occasion, est de dire à un ami : **¡Felicidades!**
→ *Bonne fête !*

Comme curiosité, note aussi que le mot **salud**, *santé*, s'emploie pour trinquer, comme en France, mais aussi pour dire *À tes (vos) souhaits* si quelqu'un a éternué.

1 Voici quatre situations de la vie courante et quatre formules. En t'aidant de la leçon et en faisant fonctionner ton intuition, écris sous chaque pictogramme la formule qui convient.

¡BUEN PROVECHO!   **¡SALUD!**   **¡FELICIDADES!**   **¡BUEN VIAJE!**

a.    b.    c.    d.

....

2 Voici quatre situations, mais les formules associées sont dans le désordre. Réécris-les à leur place en barrant les fausses au fur et à mesure.

¡Suerte!   ¡Feliz año!   ¡Enhorabuena!   ¡Feliz cumpleaños!

a. ....   b. ....   c. ....   d. ....

....

MODULE 3 : ESCÚCHAME

Exprimer un désir ou un souhait

« Je veux que… », « je souhaite que… » : en français comme en espagnol, ce type de phrase entraîne le subjonctif.

Verbe **ayudar** : **¿Deseas que te ayude?** → *Souhaites-tu que je t'aide ?*

Verbe **hacer** : **Sí, quiero que hagas la compra** → *Oui, je veux que tu fasses les courses.*

Tu as vu, dans le module précédent, la formation du subjonctif régulier et de celui des verbes en **-go**, à diphtongue et à affaiblissement. Nous allons reprendre tout cela à partir du thème des tâches domestiques, qui occupe la boîte à mots.

Les tâches domestiques

Verbes	
barrer	*balayer*
lavar	*laver*
limpiar	*nettoyer*
pasar	*passer*
planchar	*repasser*
poner	*mettre [en -go]*
quitar	*enlever*
recoger	*ramasser, ranger*
regar	*arroser [à dipht.]*
sacar	*sortir*
tender	*étendre [à dipht.]*
tirar	*jeter*

Noms	
el cristal	*la vitre*
el cuarto	*la chambre*
el plato	*l'assiette*
el polvo	*la poussière*
el trapo	*le chiffon*
el suelo	*le sol*
la aspiradora	*l'aspirateur*
la basura	*la poubelle*
la cama	*le lit*
la escoba	*le balai*
la esponja	*l'éponge*
la lavadora	*la machine à laver*
la planta	*la plante*
la ropa	*le linge*

MODULE 3 : ESCÚCHAME

3 Travaille d'abord la boîte à mots : essaye de les mémoriser, recopie-les, répète-les à voix haute. Sans la consulter à nouveau, tu vas ensuite rédiger trois phrases avec un verbe à la 1ʳᵉ personne, à partir des pictogrammes donnés.
Modèle : « Je .... le(s) .... avec le .... »

a. ....
con ....

b. ....
con ....

c. ....
con ....

4 Reprends les trois phrases de l'exercice précédent et reformule-les ainsi :
« Je veux que tu .... le(s) .... »

a. ....
b. ....
c. ....

5 Ce garçon participe à de nombreuses tâches domestiques ! Associe un verbe à chaque pictogramme et complète les bulles. Modèle : a. Je sors le chien.

a. ....
el ....

d. ....
mi ....

b. ....
la ....

c. ....
las ....

e. ....
la ....

64

MODULE 3 : ESCÚCHAME

6 Reprends les phrases de l'exercice précédent sous cette forme :
« Ma mère veut que je… »

a. ....

b. ....

c. ....

d. ....

e. ....

7 Les deux sœurs sont elles aussi très sollicitées… Identifie les tâches qu'elles accomplissent et complète leurs bulles. Modèle : « Nous mettons la machine à laver ».

a. ....
la ....

b. ....
el ....

c. ....
la ....

d. ....
la ....

8 Reprends maintenant les phrases que tu viens d'écrire et reformule-les.
Modèle : « Notre mère veut que nous… ».

a. ....

b. ....

c. ....

d. ....

65

Demander quelque chose

preguntar	pedir
pregunto	pido
preguntas	pides
pregunta	pide
preguntamos	pedimos
preguntáis	pedís
preguntan	piden

Comme tu le sais, il y a en espagnol deux verbes qui se traduisent par demander : **preguntar** et **pedir**.

Preguntar, c'est demander au sens de poser une question : en retour, tu auras des mots, une information, un renseignement, etc.
Le pregunto dónde vive → *Je lui demande où il vit.*

Pedir, c'est demander au sens de demander un objet, quelque chose de matériel :
Te pido azúcar → *Je te demande du sucre.*

9 Associe chaque début de phrase (a. et b.) à la suite qui lui convient.

- … salud y dinero.
- … qué edad tiene.
- … si es española.

a. PIDO…

- … un poco de leche fría.
- … muchos regalos a los Reyes Magos.

b. PREGUNTO…

- … el nombre del perro.
- … a qué hora tenemos clase de español.
- … un bolígrafo.

Dire « je te demande de… », « je te dis de… »

Si tu demandes à quelqu'un de faire une action, il faut employer le verbe **pedir**. Attention, il va y avoir ici une construction particulière : le français dit « *demander de* + infinitif » et l'espagnol « **pedir que** + subjonctif ». Même chose pour « *dire de* + infinitif » : « **decir que** + subjonctif ».

Te pido que me ayudes → *Je te demande de m'aider* (mot à mot : *que tu m'aides*).

Me dice que coma verduras → *Il me dit de manger des légumes* (mot à mot : *que je mange…*).

MODULE 3 : ESCÚCHAME

Les couverts

Verbes	
doblar	*plier*
guardar	*ranger*
poner	*mettre*
recoger	*débarrasser*
sacudir	*secouer*
secar	*sécher, essuyer*

Noms	
el cuchillo	*le couteau*
el mantel	*la nappe*
el tenedor	*la fourchette*
el vaso	*le verre*
la cuchara	*la cuillère*
la mesa	*la table*
la servilleta	*la serviette*

10 Complète les amorces de phrase en te servant des verbes donnés et des noms représentés par les pictogrammes. Fais bien attention à la personne grammaticale qu'entraîne le début de chaque phrase !

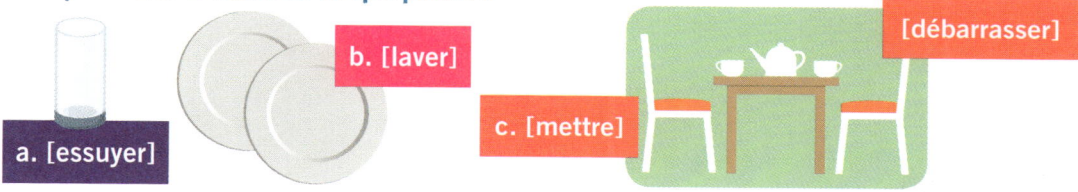

a. Mi madre me pide que ....

b. Te pido que ....

c. Os pido que .... y ....

11 Même exercice, avec d'autres amorces de phrase.

a. Mi padre nos dice que ....

b. Les digo a mis hijos que ....

c. Le dice a su hija que ....

MODULE 3 : ESCÚCHAME

Donner des conseils et des recommandations

Tu l'as vu à propos de « demander de » ou « dire de », certaines tournures verbales suivies en français par un infinitif se construisent en espagnol avec **que** + un subjonctif. C'est à nouveau le cas si tu veux donner un conseil (verbe **aconsejar**) ou faire une recommandation (verbe **recomendar**).

Le aconsejo que venga a España → *Je lui conseille de venir en Espagne.*

El médico me recomienda que duerma más → *Le médecin me recommande de dormir davantage.*

Continuons les révisions avec quelques verbes qui ont une conjugaison particulière au subjonctif.

ser	estar	saber	ir	ver
sea	esté	sepa	vaya	vea
seas	estés	sepas	vayas	veas
sea	esté	sepa	vaya	vea
seamos	estemos	sepamos	vayamos	veamos
seáis	estéis	sepáis	vayáis	veáis
sean	estén	sepan	vayan	vean

12 Traduis les phrases suivantes.

a. Je te conseille de voir ce film.

→ ....

b. Je vous conseille d'être ici à huit heures.

→ ....

c. Nous lui recommandons d'être poli.

→ ....

d. Pourquoi me recommandes-tu d'aller en Andalousie ?

→ ....

e. Le professeur nous conseille de savoir les conjugaisons.

→ ....

MODULE 3 : ESCÚCHAME

Donner des ordres à l'impératif

À l'impératif, tu peux donner des ordres à une personne (**tú**) ou à plusieurs (**vosotros**). Au singulier, tu prends la 2e personne du présent de l'indicatif et tu enlèves le **-s** final. Au pluriel, tu prends l'infinitif et tu remplaces le **-r** final par un **-d**.

infinitif	2e personne singulier du présent indicatif	impératif singulier	impératif pluriel
hablar	hablas	habla, *parle*	hablad, *parlez*
comer	comes	come, *mange*	comed, *mangez*
escribir	escribes	escribe, *écris*	escribid, *écrivez*
pensar	piensas	piensa, *pense*	pensad, *pensez*
pedir	pides	pide, *demande*	pedid, *demandez*

Il y a en tout huit impératifs irréguliers, et seulement au singulier.

hacer	poner	tener	salir	venir	decir	ser	ir
haz	pon	ten	sal	ven	di	sé	ve
fais	*mets*	*tiens*	*sors*	*viens*	*dis*	*sois*	*va*

13 Complète ce tableau des formes de l'impératif.

infinitif	tú	vosotros
leer		
		medid
	traduce	
volver		
		oled
	cierra	
probar		
	quita	

MODULE 3 : ESCÚCHAME

14 Sers-toi des formes verbales du tableau précédent pour compléter les phrases suivantes à l'impératif. Observe bien si on s'adresse à une seule personne *(tú)* ou à plusieurs *(vosotros)*.

a. .... estas frases: tenéis cinco minutos.

b. .... a casa, chicos, la escuela está cerrada.

c. ¡............... la puerta cuando salís!

d. .... esta hamburguesa: ¿no te parece que está podrida?

e. .... este refresco, estoy segura de que te va a gustar.

f. .... tu mochila del sillón, por favor: quiero sentarme.

g. Coge el metro y .... la altura de la mesa.

h. Si os gustan los libros, ... esta novela.

15 Transforme ces phrases au subjonctif en ordres directs à l'impératif. Attention : repère bien si l'ordre s'adresse à une ou à plusieurs personnes.

a. Te pido que tengas paciencia. → ¡............... paciencia!

b. Quiero que digas la verdad. → ¡............... la verdad!

c. Quiero que salgáis. → ¡...........................!

d. Quiero que vayas a España. → ¡............... con tu hermano!

e. Deseo que seáis buenos. → ¡............... buenos!

f. Os pido que vengáis a verme. → ¡............... a verme!

g. Te pido que pongas la mesa. → ¡............... la mesa!

h. Quiero que hagáis la tarea. → ¡............... la tarea!

Interdire

Pour exprimer une interdiction, tu utilises en espagnol **no** + subjonctif (à la 2ᵉ personne du singulier si tu t'adresses à une personne ; et à la 2ᵉ personne du pluriel si tu parles à plusieurs personnes).

singulier → **tú**	pluriel → **vosotros**
No hables → *Ne parle pas.*	**No habléis** → *Ne parlez pas.*
No te levantes → *Ne te lève pas.*	**No os levantéis** → *Ne vous levez pas.*

MODULE 3 : ESCÚCHAME

16 Un petit poème de Gabriel Celaya, poète espagnol du siècle dernier, dresse humoristiquement la liste de tous les ordres et les interdictions que l'on reçoit tout au long de sa vie, enfant puis adulte. En voici un extrait. Réécris les cinq vers en t'adressant à plusieurs personnes (Ne prends pas → Ne prenez pas, etc.).

No cojas la cuchara con la mano izquierda.

No pongas los codos en la mesa.

Dobla bien la servilleta.

Eso, para empezar. No seas tan loco. Sé educado. Sé correcto.

No bebas. No fumes. No tosas. No respires.

a. ....
b. ....
c. ....
d. ....
e. ....

17 Maintenant réécris le poème en disant exactement le contraire (Ne prends pas → Prends ; Ne sois pas → Sois, etc.).

a. ....
b. ....
c. ....
d. ....
e. ....

Dire ce qui est obligatoire, bon, mauvais, important…

En dehors des verbes exprimant conseils et recommandations, il y a d'autres formules pour dire ce qu'il faut ou ne faut pas faire : par exemple **hay que** (invariable) + infinitif, *il faut* ; **tener que** ou **deber** + infinitif, *devoir*.
Hay que ser prudente ➜ *Il faut être prudent.*
Tienes que escuchar mis consejos ➜ *Tu dois écouter mes conseils.*
No debes pasar tanto tiempo en Internet ➜ *Tu ne dois pas passer autant de temps sur Internet.*

Les formules du type « **es** + adjectif exprimant un jugement » se construisent en espagnol directement avec l'infinitif, sans « de » comme c'est le cas en français.
Es bueno desconectar ➜ *Il est bon de déconnecter.*
Es malo ser adicto al móvil ➜ *Il est mauvais d'être accro au portable.*
Es importante conocer a sus contactos ➜ *Il est important de connaître ses contacts.*

Se servir d'Internet

Verbes	
bajarse	*télécharger*
chatear	*chatter*
colgar	*mettre en ligne [v. à dipht.]*
compartir	*partager*
conectarse	*se connecter*
elegir	*choisir [v. à affaibl.]*
tener cuidado	*faire attention*

Noms	
el archivo	*le fichier*
el perfil	*le profil*
la contraseña	*le mot de passe*
peligroso	*dangereux*
seguro	*sûr*
un vídeo	*une vidéo*
una página	*une page*

MODULE 3 : ESCÚCHAME

18 Remets d'abord dans l'ordre les lettres des mots en rose (ils sont dans la boîte à mots). Complète ensuite les amorces de phrase données avec la phrase qui convient (une chose à faire, une chose à ne pas faire).

PRACOMIRT SÍDEVO ÚNICAMENTE CON LOS AMIGOS
ACHATER CON SERPEFIL INQUIETANTES

a. Tienes que ....

b. No debes ....

19 Même exercice, avec d'autres amorces.

LIEGER UNA COSENTRAÑA GUERSA
TRABAJE VIRCHOSA DE PERSONAS DESCONOCIDAS

a. Hay que ....

b. Es malo ....

20 Autres amorces, même exercice.

TENER CADIDUO SI CAGULES FOTOS PERSONALES
RACONTESCE A SÁPIGNA ELGRAPISOS

a. Es importante ....

b. No es bueno ....

MODULE 3 : ESCÚCHAME

Donner des ordres et interdire au vouvoiement

Si tu veux vouvoyer, tu dois faire comme toujours en espagnol : employer la 3e personne. Puisqu'elle n'existe pas à l'impératif, tu te serviras du subjonctif.

Même chose, d'ailleurs, si tu veux exprimer une interdiction. Tu sais qu'elle se construit avec **no** + subjonctif. Eh bien ! ce sera **no** + 3e personne du subjonctif au vouvoiement.

ordre	défense
Hable, señor → *Parlez, Monsieur.*	**No hable, señor** → *Ne parlez pas, Monsieur.*
Hablen, señores → *Parlez, Messieurs.*	**No hablen, señores** → *Ne parlez pas, Messieurs.*

Attention aux verbes pronominaux (**llamarse**, **levantarse**, etc.). À l'impératif français, le pronom personnel s'accroche au verbe avec un tiret. En espagnol, il s'accroche directement au verbe, et, puisque l'accent tonique remonte d'une syllabe, il s'écrit. Si tu vouvoies, ce seront les formes du subjonctif à la 3e personne.

ordre	défense
Levántate → *Lève-toi.*	**No te levantes** → *Ne te lève pas.*
Levántese, señor → *Levez-vous, Monsieur.*	**No se levante, señor** → *Ne vous levez pas, Monsieur.*

21 Dans les exercices 18, 19 et 20 la première phrase te donne des conseils sur ce que tu dois faire sur Internet. Reformule-les sous forme d'impératifs, une fois au tutoiement, et une fois au vouvoiement. Exemple : Tu dois partager des vidéos…
a. Partage des vidéos…   b. Partagez des vidéos…

Phrase 1 (ex. 18)

a. ....

b. ....

Phrase 1 (ex. 19)

c. ....

d. ....

Phrase 1 (ex. 20)

e. ....

f. ....

MODULE 3 : ESCÚCHAME

 Reprends maintenant la 2ᵉ phrase des exercices 18, 19 et 20, qui te dit ce qu'il ne faut pas faire sur Internet. Reformule-les sous forme d'interdictions directes, au tutoiement puis au vouvoiement. Exemple : Tu ne dois pas chatter...
a. Ne chatte pas...   b. Ne chattez pas...

Phrase 2 (ex. 18)

a. ....

b. ....

Phrase 2 (ex. 19)

c. ....

d. ....

Phrase 2 (ex. 20)

e. ....

f. ....

MODULE 3 : ESCÚCHAME

TÂCHE PRATIQUE :
FAIRE UNE OMELETTE ESPAGNOLE

L'omelette basique que tu manges en France (œufs battus saisis à la poêle) s'appelle justement, pour les Espagnols, **tortilla francesa**. Sans être très difficile à réaliser, la **tortilla española** a davantage d'ingrédients (pommes de terre et oignons) et demande un peu plus d'attention.

C'est un plat familial, donc il y a autant de façons de faire que de foyers (tout le monde dira : **La mejor es la tortilla de mi madre**). En gros, on peut l'aimer plus ou moins épaisse et plus ou moins saisie. À toi, maintenant !

La tortilla española: ingredientes, utensilios y método

4 patatas	4 pommes de terre	cortar	couper
4 o 5 huevos	4 ou 5 œufs	cuajar	saisir
una cebolla	un oignon	dar la vuelta	retourner
sal	sel	echar	verser
aceite de oliva suave	huile d'olive douce	escurrir	égoutter
un colador	une passoire	freír	frire [à affaibliss.]
una sartén	une poêle	mover	bouger [à dipht.]
añadir	ajouter	pelar	éplucher

MODULE 3 : ESCÚCHAME

23 Introduis les verbes proposés à leur place dans la recette. Ils sont donnés à l'infinitif dans les étiquettes ; tu dois les conjuguer à la 2ᵉ personne de l'impératif (tutoiement) : « Épluche… »

añadir   batir   cortar   cuajar   cubrir
darle la vuelta   degustar   echar   escurrir
freír   mover   pelar   salar   servir

A. ………………… y ………………… las patatas y las cebollas.

B. ………………… las patatas y cebollas en abundante aceite.

C. Cuando están fritas, ………………… patatas y cebollas en un colador.

D. ………………… y ………………… los huevos, ………………… las patatas y cebollas fritas.

E. ………………… el fondo de la sartén con dos cucharas de aceite y ………………… la mezcla.

F. ………………… ligeramente la sartén y ………………… la tortilla.

G. ………………… a la tortilla.

H. ………………… y ………………… ¡Buen provecho!

24 Reprends les quatorze verbes dans l'ordre de la recette, et conjugue-les maintenant en donnant les instructions au vouvoiement : « Épluchez… »

A. ………………… / …………………

B. …………………

C. …………………

D. ………………… / ………………… / …………………

E. ………………… / …………………

F. ………………… / …………………

G. …………………

H. ………………… / …………………

MODULE 3 : ESCÚCHAME

DÉCOUVERTE CULTURELLE :
LES PLAGES EN ESPAGNE

Contando las islas Baleares y Canarias, España tiene 6000 kilómetros de costas, bañadas por el Mediterráneo en el sur y sureste, el mar Cantábrico en el norte, y el Océano Atlántico en las costas del oeste. Más de 3000 playas de todo tipo atraen cada año a los casi 90 millones de turistas que nos visitan.

Máxima
22,5 °C
(Agosto)

Mínima
5,9 °C
(Enero)

La Concha (San Sebastián)
Gran playa (1,5 km) de arena blanca y aguas limpias, bordeada por un elegante paseo marítimo. Este termina con un famoso conjunto de esculturas incrustadas en las rocas: El Peine del Viento. La Concha es una playa urbana, integrada a una ciudad con una riquísima oferta gastronómica.

Máxima
33,8 °C
(Julio)

Mínima
1,6 °C
(Enero)

Cadaqués
A pocos kilómetros de Francia está este pequeño pueblo costero. La casa del pintor Salvador Dalí y numerosas galerías de arte hacen de Cadaqués un lugar ideal para unas vacaciones culturales. Ofrece también la posibilidad de realizar deportes náuticos y pesca submarina.

Máxima
32,8 °C
(Julio)

Mínima
8,5 °C
(Febrero)

Playa de los Genoveses (Almería)
El Parque Natural de Cabo de Gata tiene varias playas vírgenes protegidas, en un entorno desértico espectacular. En esa zona se han rodado numerosas películas del Oeste, *Indiana Jones, la última cruzada*, episodios de *Juego de Tronos*, etc. Una reserva natural permite observar distintas especies animales, por ejemplo flamencos.

Máxima
34,7 °C
(Julio)

Mínima
3,6 °C
(Enero)

Caños de Meca (Cádiz)
Por su situación geográfica, es una de las muchas playas de esa zona donde los fuertes vientos y grandes olas oceánicas permiten practicar el windsurf. Y si te gustan las gambas y el pescado frito, no busques más: ¡Cádiz es el paraíso!

Máxima
28,3 °C
(Julio)

Mínima
15,1 °C
(Enero)

Playa de las Américas (Tenerife)
Tenerife es un magnífico lugar para un veraneo completo. Cuenta con espléndidas playas, ideales para el buceo, un clima cálido incluso en invierno y un paisaje sorprendente con el volcán Teide siempre nevado. En esa montaña se encuentra uno de los mayores Observatorios astronómicos del mundo.

MODULE 3 : ESCÚCHAME

25 Au bord de quelle mer ou de quel océan ces villes se trouvent-elles ?

	Mediterráneo	Cantábrico	Atlántico
a. Almería			
b. Cadaqués			
c. Cádiz			
d. San Sebastián			
e. Tenerife			

26 Complète ces phrases avec un nom de ville.

a. No me gusta pasar demasiado calor en verano, por eso voy a ....

b. Prefiero ir a la playa en invierno: voy a ....

c. Me encantan los paisajes desérticos, voy a veranear a ....

d. La playa, sí, pero también un poco de cultura: me paso el verano en ....

e. Soy fan de windsurf y de frituras: ¡directo a ....!

Bilan

😊 😐 ☹️

Vœux et félicitations
1. ....
2. ....

Exprimer un désir ou un souhait
3. ....
4. ....
5. ....
6. ....
7. ....
8. ....

Demander quelque chose
9. ....

Dire « je te demande de... », « je te dis de... »
10. ....
11. ....

Donner des conseils et des recommandations
12. ....

Donner des ordres à l'impératif
13. ....
14. ....
15. ....

Interdire
16. ....
17. ....

Dire ce qui est obligatoire, bon, mauvais, important...
18. ....
19. ....
20. ....

Donner des ordres et interdire au vouvoiement
21. ....
22. ....

Tâche pratique
Faire une omelette espagnole
23. ....
24. ....

Découverte culturelle
Les plages en Espagne
25. ....
26. ....

Érase una vez

Objectifs

- **Tu vas apprendre à :**
  Dire ce que tu as fait dans un passé qui te concerne encore
  Situer des événements dans le passé : date et durée
  Décrire et raconter des situations et des habitudes du passé
  Raconter des événements appartenant à un passé révolu
  Utiliser **ser**, **ir** et **estar** au passé simple

- **Pour cela, tu vas maîtriser :**
  La formation du passé composé des verbes réguliers
  Les participes passés irréguliers : **abierto, dicho, escrito, hecho, puesto, roto, visto, vuelto**
  Les emplois du passé composé espagnol
  L'expression de la date et de la durée : **hace, desde hace**
  La formation et les emplois de l'imparfait
  Les trois imparfaits irréguliers : **ser, ir, ver**
  La formation et les emplois du passé simple régulier
  Les passés simples forts : **ser, ir, estar, hacer, decir, poder, tener, venir, poner, querer, saber**
  Le passé simple de **dar**
  Lexique : la famille et le travail ; les jeux, hier et aujourd'hui ; les adverbes de temps et de quantité ; les repères temporels dans le passé, adverbes et locutions

- **Tu seras aussi capable de :**
  Écrire une carte postale

- **Et tu vas découvrir :**
  La conquête de l'Amérique

Module 4

MODULE 4 : ÉRASE UNA VEZ

Dire ce que tu as fait dans un passé qui te concerne encore

Pour parler de ce qu'on a fait dans le passé, l'espagnol emploie souvent, comme le français, le passé composé : **¿Has escuchado este disco?** ➜ *Tu as écouté ce disque ?* C'est donc un temps fréquent, mais tu verras que l'espagnol utilise aussi beaucoup le passé simple. Le passé composé espagnol a gardé la véritable valeur du passé composé : un passé qui garde une relation avec le présent de celui qui parle.

Il se construit toujours avec l'auxiliaire **haber**, *avoir*, alors que le français se sert aussi de l'auxiliaire « être ». L'auxiliaire est suivi du participe passé, qui a une terminaison en **-ado** (verbes en **-ar**) ou en **-ido** (verbes en **-er** et en **-ir**). L'auxiliaire est invariable et un certain nombre de verbes courants ont un participe irrégulier (voir tableau).

auxiliaire haber	participes réguliers	
he	cantado	*j'ai chanté*
has	venido	*tu es venu(e)*
ha	sido	*il / elle a été*
hemos	conocido	*nous avons connu*
habéis	pasado	*vous êtes passé(e)s*
han	salido	*ils / elles sont sorti(e)s*

infinitif	participe irrégulier	
abrir	abierto	*ouvert*
decir	dicho	*dit*
escribir	escrito	*écrit*
hacer	hecho	*fait*
poner	puesto	*mis*
romper	roto	*cassé*
ver	visto	*vu*
volver	vuelto	*revenu*

On n'intercale jamais d'adverbe entre l'auxiliaire et le participe, contrairement au français.
No has hablado mucho ➜ *Tu n'as pas beaucoup parlé.*
He comido bastante ➜ *J'ai assez mangé.*

Famille et travail

el cliente	*le client*
el correo	*le courrier*
la guardería	*la crèche*
la llamada	*l'appel*
la oficina	*le bureau*

MODULE 4 : ÉRASE UNA VEZ

1 Belén a eu une matinée très chargée (voir les étiquettes) ! Elle te dit, au passé composé, tout ce qu'elle a fait. Rédige les six phrases en commençant par *Esta mañana...*

a. sacar al perro   b. llevar al niño a la guardería   c. ir a la oficina
d. hacer cuarenta llamadas   e. escribir veinte correos   f. ver a diez clientes

a. ....
b. ....
c. ....
d. ....
e. ....
f. ....

2 Introduis chaque forme verbale au passé composé dans la phrase qui convient.

he levantado   has pedido   han abierto
habéis tenido   ha roto   hemos vuelto

a. Mi padre se .... el brazo.

b. ¿.................................. un café con leche?

c. Los vecinos .... la ventana.

d. Hoy .... del colegio a las tres.

e. ¿.................................. tiempo de hacer la tarea?

f. Me .... tarde esta mañana.

Adverbes de temps et de quantité

a menudo	*souvent*	demasiado	*trop*	siempre	*toujours*
a veces	*parfois*	mucho	*beaucoup*	todavía no	*pas encore*
bastante	*assez*	poco	*peu*	ya	*déjà*

83

MODULE 4 : ÉRASE UNA VEZ

3. Traduis ces phrases.

a. Tu as assez bu.

➜ ....

b. Je me suis souvent couché tard.

➜ ....

c. Vous avez trop dormi et peu travaillé.

➜ ....

d. Ils sont beaucoup sortis cette semaine.

➜ ....

e. Nous avons toujours dit la vérité.

➜ ....

f. Elle est parfois venue en Espagne.

➜ ....

4. Voici une liste d'activités. Lesquelles as-tu déjà faites dans ta vie *(Ya he…)* ? Lesquelles n'as-tu pas encore faites *(Todavía no he…)* ? Coche la case qui correspond à ton cas et rédige la phrase.

	sí	no	
a. ir a España			
b. hacer camping			
c. viajar solo			
d. conducir un coche			
e. cantar en público			
f. ponerse un casco			
g. escribir poemas			
h. correr una maratón			

MODULE 4 : ÉRASE UNA VEZ

Situer des événements dans le passé : date et durée

En français, la préposition « depuis » permet de situer dans le passé de deux manières :
- en indiquant une date, un point de repère (« depuis le 1er janvier », « depuis lundi ») ;
- en exprimant une durée (« depuis une semaine »).

L'espagnol utilise deux formules différentes :
- **desde**, pour dater : **Vivo en Madrid desde enero, desde el uno de enero**
➜ *Je vis à Madrid depuis janvier, depuis le 1er janvier ;*
- **desde hace**, pour dire la durée : **Vivo en Madrid desde hace un año**
➜ *Je vis à Madrid depuis un an.*

5 Avec les éléments fournis (pronom personnel, verbe à l'infinitif, complément, repère temporel), compose des phrases au passé composé ; tu dois y exprimer soit une date, soit une durée. Exemple : a. Nous ne sommes pas revenus en Espagne depuis le mois d'août.

| nosotros | no volver | a España | el mes de agosto |

a. ....

| usted | no ir | a Sevilla | mucho tiempo |

b. ....

| yo | no tomar | el metro | un año |

c. ....

| tú | no ver | la tele | el domingo |

d. ....

85

MODULE 4 : ÉRASE UNA VEZ

Décrire et raconter des situations et des habitudes du passé

Comme en français, l'imparfait de l'indicatif espagnol sert à faire des descriptions (paysages, portraits), à évoquer des situations, à raconter des habitudes du passé. C'est un temps facile à construire ; il n'a que deux terminaisons, en **-aba** pour les verbes en **-ar** et en **-ía** pour les verbes en **-er** et en **-ir**, quelles que soient leurs particularités au présent.

<u>Fais toutefois bien attention aux accents écrits !</u> Ils doivent s'écrire à la 1ʳᵉ personne du pluriel pour les verbes en **-ar** (hab**lá**bamos) et partout sur le **-i** pour les autres modèles (viv**í**a, viv**í**as, etc.).

Pour dire *il y a*, tu utilises l'auxiliaire **haber** en lui ajoutant un **-y** : **hay**, *il y a*. À l'imparfait, tu conjugues simplement l'auxiliaire : **había**, *il y avait*.

Il n'y a que trois verbes irréguliers à l'imparfait : **ser**, **ir** et **ver**. Dans la formule rituelle qui commence les contes, **era**, *il était*, devient **érase** : **Érase una vez** → *Il était une fois…*

ser	ir	ver	cantar	comer	escribir
era	iba	veía	cantaba	comía	escribía
eras	ibas	veías	cantabas	comías	escribía
era	iba	veía	cantaba	comía	escribía
éramos	íbamos	veíamos	cantábamos	comíamos	escribíamos
erais	ibais	veíais	cantabais	comíais	escribíais
eran	iban	veían	cantaban	comían	escribía

6 Complète ce tableau de conjugaisons à l'imparfait.

infinitif	yo	tú	él / ella / usted	nosotros / nosotras	vosotros / vosotras	ellos / ellas / ustedes
				pedíamos	pedíais	
				volvíamos	volvíais	
estar		estabas				estaban
acostarse	me	te				

MODULE 4 : ÉRASE UNA VEZ

Les jeux, hier et aujourd'hui

ahora	maintenant	esconderse	se cacher
antes	avant	la guerra	la guerre
en aquel tiempo	en ce temps-là	sorprender	surprendre
hoy en día	de nos jours	traer	apporter
el barrio	le quartier	una cuerda	une corde
el juguete	le jouet	una flecha	une flèche
el juego	le jeu	una piedra	une pierre
el videojuego	le jeu vidéo	una rama	une branche

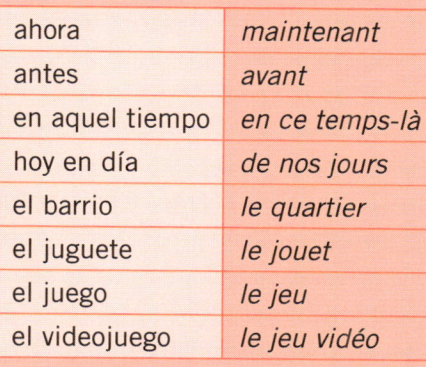

7 *Los Pitufos*, c'est le nom espagnol des Schtroumpfs, et ils ne connaissent qu'un verbe : *pitufar*, schtroumpfer. Dans le texte suivant, remplace chaque *pitufar* par un des verbes proposés, conjugué à l'imparfait et à la personne donnée.

SER · FABRICAR · INVENTAR · JUGAR · TENER · ESCONDERSE · SORPRENDER · RECIBIR · TIRAR · TRAER

Antes, un niño no pitufaba [**a.** ....] tantos juguetes como ahora. Los Reyes Magos nos pitufaban [**b.** ....] cosas útiles, ropa o zapatos. Pitufábamos [**c.** ....] más imaginación: ¡pitufábamos [**d.** ....] nosotros mismos nuestros juegos! Con una cuerda y una rama, pitufabas [**e.** ....] un arco y pitufabas [**f.** ....] a la guerra. Nos pitufábamos [**g.** ....] en los árboles, pitufábamos [**h.** ....] a los del otro barrio y les pitufábamos [**i.** ....] piedras. ¡Aquellos juegos sí que pitufaban [**j.** ....] divertidos y no esos videojuegos violentos que hay hoy en día!

MODULE 4 : ÉRASE UNA VEZ

Raconter des événements appartenant à un passé révolu

En français, le passé simple ne s'utilise plus guère que dans la langue littéraire ou le récit d'événements historiques ; pour tout le reste, c'est le passé composé qui sert un peu à tout. Ce n'est pas le cas en espagnol : si ce dont on parle n'a pas de prolongement dans le présent, on utilise le passé simple :

Ayer fui al supermercado ➜ *Hier, je suis allé au supermarché* (c'était hier, c'est passé et ça n'a pas de conséquences ; on ne dira donc pas « Ayer he ido al supermercado ».)

Le tableau te donne les formes du passé simple régulier.

Fais bien attention à l'accentuation !
Si tu l'oublies, on comprendra tout à fait autre chose :
Canto ➜ *Je chante*
Cantó ➜ *Il a chanté.*
¿Te gustó? ➜ *Ça t'a plu ? /*
¿Te gusto? ➜ *Je te plais ?*

cantar	comer	escribir
canté	comí	escribí
cantaste	comiste	escribiste
cantó	comió	escribió
cantamos	comimos	escribimos
cantasteis	comisteis	escribisteis
cantaron	comieron	escribieron

Retiens aussi que la diphtongaison ne se produit qu'au présent.
Pensar, verbe à diphtongue, fera donc, au passé simple :
pensé, pensaste, pensó, pensamos, pensasteis, pensaron.

Repères temporels dans le passé

ayer	*hier*
anoche	*la nuit dernière*
anteayer	*avant-hier*
el año pasado	*l'année dernière*
la semana pasada	*la semaine dernière*

MODULE 4 : ÉRASE UNA VEZ

8 Voici des couples de phrases qui utilisent le même verbe : l'une parle du présent, l'autre d'un événement passé et révolu. Conjugue les verbes au temps qui convient.

[salir]

a. Si he hecho la tarea, [..........................] los fines de semana.

b. La semana pasada no [..........................]: tenía demasiada tarea.

[volver]

c. ¡Andrés, explícame por qué [..........................] a las ocho ayer!

d. Yo siempre [..........................] del colegio a las cuatro.

[acostarse]

e. En España, los niños [..........................] más tarde que en Francia.

f. Anoche tenían sueño y [..........................] a las nueve.

[ver]

g. Anteayer no estábamos en casa y no [..........................] el partido.

h. Soy del Barça y cada fin de semana [..........................] el partido de mi equipo.

[gustar]

i. No me [..........................] el partido del Madrid de la semana pasada.

j. Ya no soy del Barça, ahora me [..........................] más el Atlético.

9 Voici quinze formes conjuguées des verbes suivants : *beber*, *colgar*, *oler*, *recibir*, *sacar*. Barre celles qui ne peuvent en aucun cas être des passés simples.

bebimos   huele   colgaron   saqué   saque   recibió

bebamos   bebí   cuelgues   sacamos   olimos

colgasteis   recibáis   recibimos   olíamos

89

MODULE 4 : ÉRASE UNA VEZ

10 Conjugue les verbes de ce petit récit au temps du passé qui convient : imparfait ou passé simple.

a. Una vez, por mi cumpleaños, mis abuelos me [regalar] .... un videojuego.

b. Ellos [saber] .... que a mí me [gustar] .... jugar con la consola.

c. El problema de aquel juego es que yo ya lo [tener] ....

d. Yo [mentir] ...., claro, diciendo que me [encantar] ...., que [es] .... precisamente el juego que [querer] ....

e. Pero al día siguiente, lo [vender] .... en Internet.

f. Y con aquel dinero, ¡me [comprar] .... uno más actual!

Utiliser *ser*, *ir* et *estar* au passé simple

ser et ir	estar
fui	estuve
fuiste	estuviste
fue	estuvo
fuimos	estuvimos
fuisteis	estuvisteis
fueron	estuvieron

Il y a de nombreuses conjugaisons irrégulières au passé simple en espagnol. Tout un groupe de verbes, en particulier, ont un passé simple dit « fort » : un radical irrégulier et des terminaisons non accentuées. Ce sont des verbes très usuels : par exemple **ser** et **estar**.

De plus, **ser** a le même passé simple que **ir**, *aller*.

MODULE 4 : ÉRASE UNA VEZ

11 **Complète l'amorce, en reprenant la phrase donnée au passé simple.**

a. Cada año voy de vacaciones a América. / El verano pasado, ...

b. Siempre estáis de viaje por México. / El mes pasado, ...

c. Esta tarde vamos a comprar un billete. / Ayer ....

d. Alguien me llama todas las noches, ¿eres tú? / Anoche alguien me ....

e. ¿Estás en clase ahora? / ¿Anteayer .... ?

f. Hoy las noticias son malas. / El lunes pasado, ...

Utiliser des verbes irréguliers au passé simple

hacer	decir	poder	tener	venir
hice	dije	pude	tuve	vine
hiciste	dijiste	pudiste	tuviste	viniste
hizo	dijo	pudo	tuvo	vino
hicimos	dijimos	pudimos	tuvimos	vinimos
hicisteis	dijisteis	pudisteis	tuvisteis	vinisteis
hicieron	dijeron	pudieron	tuvieron	vinieron

La majorité des passés simples forts ont des terminaisons en : **-e, -iste, -o, -imos, -isteis, -ieron**. Mais tu peux remarquer, par exemple, dans le tableau, que **decir** a une 3ᵉ personne du pluriel en **-eron** et non en **-ieron**.

12 **Utilise les cinq verbes vus en leçon pour compléter ce petit dialogue au passé simple.**

a. ¿Por qué no .... a mi cumpleaños? ¡..................... que ibas a venir!

b. No ...., lo siento.

c. ¿Y no .... tiempo para mandarme un mensaje?

d. ¡Claro que sí: lo .... !

MODULE 4 : ÉRASE UNA VEZ

13 Réécris le dialogue, en imaginant que le garçon s'adresse à plusieurs personnes.

a. ....

b. ....

c. ....

d. ....

Utiliser des verbes irréguliers au passé simple (suite)

Voici trois autres passés simples forts, des verbes **poner**, **querer** et **saber**.

poner	querer	saber
puse	quise	supe
pusiste	quisiste	supiste
puso	quiso	supo
pusimos	quisimos	supimos
pusisteis	quisisteis	supisteis
pusieron	quisieron	supieron

14 Utilise les trois verbes de la leçon pour compléter ce petit dialogue au passé simple.

a. ¿Qué tal el examen ?
¿...................... contestar a las preguntas?

b. ¡No, un horror!

c. ¿Y el profe te .... una mala nota?

d. No sé, no me la .... decir.

MODULE 4 : ÉRASE UNA VEZ

15 Traduis ces phrases.

a. Ils n'ont pas su la réponse.

→ ....

b. Les professeurs leur ont mis une mauvaise note.

→ ....

c. Ils n'ont pas voulu dire quelle note ils avaient.

→ ....

Utiliser un verbe particulier au passé simple : *dar*, donner

présent	passé simple
doy	di
das	diste
da	dio
damos	dimos
dais	disteis
dan	dieron

Dar, *donner*, a une 1re personne du présent en **-oy**, mais la suite de sa conjugaison est régulière.

En revanche, il est assez particulier au passé simple :
- bien qu'il s'agisse d'un verbe en **-ar**, il a les terminaisons d'un verbe en **-er** ou en **-ir** ;
- il n'a pas d'accent écrit, car les mots d'une seule syllabe ne portent pas d'accent (sauf s'il y a des homonymes). Le verbe **ver**, par exemple, est tout à fait régulier, mais il fait au passé simple : **vi, viste, vio, vimos, visteis, vieron** (sans accents écrits).

16 Complète le dialogue par la forme du verbe *dar* au temps et à la personne qui conviennent.

a. ¿Cuánto dinero te .... tus padres cada semana?

b. Mi padre no me .... nada, y mi madre cinco euros.

c. Pues a mí la semana pasada mi tío me .... veinte euros y mis abuelos me .... cincuenta.

MODULE 4 : ÉRASE UNA VEZ

17 Même exercice que précédemment.

a. ¿Me .... veinte euros, por favor?

b. ¿¿Qué?? ¡Ya te .... cuarenta anteayer!

c. Mentira, ¡me .... solo diez!

d. Bueno, te .... cuarenta, pero tienes que tener un diez en español.

18 Réécris le dialogue précédent, en imaginant que le garçon s'adresse à ses deux parents.

a. ....

b. ....

c. ....

d. ....

MODULE 4 : ÉRASE UNA VEZ

TÂCHE PRATIQUE :
ÉCRIRE UNE CARTE POSTALE

Il n'y a pas que les messages instantanés et le portable ! Tu peux aussi avoir envie de prendre ton temps pour écrire une lettre ou choisir une carte postale, non ? Il te faudra un peu de vocabulaire usuel, et aussi quelques formules pour la correspondance écrite.

La correspondance avec les proches est plus libre que le courrier officiel.
Tu peux commencer par :

Formules d'introduction

Querido(s)…, Querida(s)… ➔ *Cher(s)…, Chère(s)…*
¡Hola, chicos! ➔ *Salut les gars !*   **¡Hola, chicas!** ➔ *Salut les filles !*

Formules pour prendre congé

Et, pour finir ta lettre, tu peux utiliser :
Muchos recuerdos ➔ *Bons souvenirs.*   **Muchos besos** ➔ *Bons baisers.*
¡Hasta pronto! ➔ *À bientôt !*

L'adresse postale

Concernant l'adresse, comme tu le sais (voir Cahier 5e), les Espagnols écrivent le numéro après le nom de la rue : **Calle Mayor, 25** ➔ *25, rue Mayor.*

La correspondance écrite

Correos	la Poste
la oficina de Correos	le bureau de poste
el buzón	la boîte aux lettres
el estanco	le bureau de tabac
el sello	le timbre
el sobre	l'enveloppe
la carta	la lettre
la postal	la carte postale

MODULE 4 : ÉRASE UNA VEZ

19 Réordonne les mots dans chaque zone pour composer une phrase correcte.

- Un ¿Cuánto sello por Francia, favor? para cuesta
- días, quisiera un postal Buenos una sobre. y
- dónde ¿sabe Perdón, hay aquí? buzón por un
- buscando oficina una estoy Correos. de Hola,
- también. cerrado y está estancos los Correos

a. ....
b. ....
c. ....
d. ....
e. ....

20 Traduis les phrases que tu as trouvées.

a. ....
b. ....
c. ....
d. ....
e. ....

MODULE 4 : ÉRASE UNA VEZ

21 **Tu vas écrire une carte postale. Suis les instructions ci-dessous.**

- Invente le nom du ou des destinataires : tu peux l'adresser à une ou plusieurs personnes, ami(s), amie(s) ou famille.
- Rédige l'adresse donnée à l'espagnole (numéro : 94, nom de la rue : Embajadores ; ville : Madrid ; code postal : 28045).
- Suis ce schéma :
    - choisis une formule pour saluer ;
    - commence par traduire la phrase : «Nous sommes à Tenerife depuis trois jours ! Nous allons superbien. Il fait moins chaud qu'à Madrid ! » ;
    - dis ce que tu as fait hier **(subir al Teide en bicicleta)** et ce matin **(bucear)** en employant les temps du passé qui conviennent ;
    - prends congé et signe.

MODULE 4 : ÉRASE UNA VEZ

DÉCOUVERTE CULTURELLE : LA CONQUÊTE DE L'AMÉRIQUE

Le monde dans lequel nous vivons, celui des échanges mondialisés, commence à la fin du XVe siècle avec la découverte de l'Amérique par les Espagnols. Tu connais bien sûr Christophe Colomb, qui commanda la première expédition pour le compte des rois d'Espagne ; mais faisons un tour d'horizon – en espagnol ! – des grandes étapes de **la Conquista**, *Conquête*.

22 Lis les quatre fiches consacrées aux conquistadores ; relève les dates mentionnées et écris-les en toutes lettres face à l'événement qui leur correspond.

a. Principio de la conquista del Perú :

....

b. Primera vuelta al mundo :

....

c. Descubrimiento de América :

....

d. Llegada de les españoles a México :

....

23 En reprenant les événements dans l'ordre donné à l'exercice précédent, écris le nom du personnage historique qui leur est associé.

a. ....

b. ....

c. ....

d. ....

MODULE 4 : ÉRASE UNA VEZ

24 La fiche consacrée à Christophe Colomb est rédigée au présent dit « de narration ». Réécris tous les verbes au passé simple historique.

En 1492, Cristóbal Colón, en su ruta prevista hacia las Indias, [desembarca] ……………………… en un continente desconocido. Colón [descubre] ……………………… América, pero no [es] ……………… él quien le [da] ……………… su nombre al Nuevo Mundo, sino un cartógrafo italiano, Amerigo Vespucci.

25 Même exercice.

En 1519, Hernán Cortés [llega] ……………… a la costa de México con un puñado de hombres. [Manda] ……………………… quemar sus barcos para marcar su decisión de instalarse en estas tierras y en un par de años [conquista] ……………………… y [somete] ……………………… el inmenso imperio azteca.

26 Même exercice.

En 1522 se [realiza] ………………… la primera vuelta completa al mundo. El capitán de la expedición, el portugués Magallanes, [pierde] ………………… la vida a la mitad del viaje y Juan Sebastián Elcano, un español, lo [reemplaza] ……………………… [Es] ……………… el primer hombre que [da] ……………… la vuelta a la Tierra.

27 Même exercice.

En 1532, Francisco Pizarro [comienza] ……………………… la conquista del Perú. [Hace] ……………… prisionero y [ejecuta] ……………………… al emperador, el Gran Inca Atahualpa. [Impone] ……………………… en pocos años la dominación española sobre el territorio de los incas.

MODULE 4 : ÉRASE UNA VEZ

Bilan

Dire ce que tu as fait dans un passé qui te concerne encore
1. ………
2. ………
3. ………
4. ………

Situer des événements dans le passé : date et durée
5. ………

Décrire et raconter des situations et des habitudes du passé
6. ………
7. ………

Raconter des événements appartenant à un passé révolu
8. ………
9. ………
10. ………

Utiliser *ser*, *ir* et *estar* au passé simple
11. ………

Utiliser des verbes irréguliers au passé simple
12. ………
13. ………

Utiliser des verbes irréguliers au passé simple (suite)
14. ………
15. ………

Utiliser un verbe particulier au passé simple : *dar*, donner
16. ………
17. ………
18. ………

Tâche pratique
Écrire une carte postale
19. ………
20. ………
21. ………

Découverte culturelle
La conquête de l'Amérique
22. ………
23. ………
24. ………
25. ………
26. ………
27. ………

Mañana será otro día

Objectifs

- **Tu vas apprendre à :**
    Envisager un événement futur
    Utiliser les futurs irréguliers
    Interroger quelqu'un sur sa profession
    Exprimer un souhait, manifester un intérêt, dire un rêve
    Faire des projets professionnels
    Exprimer le besoin, le manque et la nécessité

- **Pour cela, tu vas maîtriser :**
    La formation du futur simple et du futur proche
    Les futurs irréguliers de **decir, hacer, poder, poner, tener, venir**
    L'expression du futur dans la subordonnée temporelle :
    **Cuando sea mayor…, En cuanto sea mayor…,
    El día en que sea mayor…**
    La formule **De mayor**
    L'emploi de **hacer falta, faltar** et **necesitar**
    Lexique : adverbes et locutions temporelles pour situer dans
        le futur ; vingt noms de professions ; la liste des courses

- **Tu seras aussi capable de :**
    Commander des tapas

- **Et tu vas découvrir :**
    Les échanges Amérique-Europe

Module 5

MODULE 5 : MAÑANA SERÁ OTRO DÍA

Envisager un événement futur

Pour exprimer des changements et des événements immédiats, l'espagnol, comme le français, utilise le futur proche : le verbe « aller » suivi de l'infinitif. Mais l'espagnol intercale obligatoirement la préposition **a** :
Voy a salir dentro de un momento → *Je vais sortir dans un moment.*

comeré	je mangerai
comerás	tu mangeras
comerá	il mangera
comeremos	nous mangerons
comeréis	vous mangerez
comerán	ils mangeront

Tu peux aussi utiliser le futur simple, qui a une valeur plus générale. Il se construit à partir de l'infinitif, auquel on ajoute des terminaisons dérivées de l'auxiliaire « avoir ». C'est comme en français. Exemple : **cantar – é**, *je chanter – ai* ; **cantar – ás**, *tu chanter – as*, etc.
Remarque bien les accents écrits au futur, qui t'indiquent la syllabe plus forte. Ils sont sur toutes les personnes sauf la 1re du pluriel.

Pour situer dans le futur

dentro de…	dans…	mañana	demain
el mes que viene	le mois prochain	más tarde	plus tard
el próximo sábado	samedi prochain	pasado mañana	après-demain
enseguida	tout de suite	pronto	bientôt
la semana próxima	la semaine prochaine		

1 Complète les petits dialogues avec le verbe fourni, à la personne indiquée. Tu dois mettre le verbe au futur proche quand l'événement envisagé est immédiat, ou au futur simple s'il est remis à plus tard.

[jugar]   a. ¿........................ al fútbol enseguida? [vosotros]

b. No, ... mañana. [nosotros]

[ver]   c. ¿........................ la tele esta noche? [tú]

No, la .... otra vez. [yo]

[escribir]   d. ¿........................ a la abuela hoy? [ellos]

e. No, no saben cuándo le .... [ellos]

MODULE 5 : MAÑANA SERÁ OTRO DÍA

2 Traduis ces phrases au futur proche.

a. Il va parler aujourd'hui.

➜ ....

b. Nous allons dîner dans cinq minutes.

➜ ....

c. Je vais me coucher tout de suite.

➜ ....

3 Traduis ces phrases au futur simple.

a. Tu m'appelleras demain ?

➜ ....

b. Vous irez au cinéma une autre fois.

➜ ....

c. Je ne sais pas quand elle sera là.

➜ ....

Utiliser les futurs irréguliers

Au futur, les terminaisons sont toujours les mêmes. En revanche, il y a, comme en français, des irrégularités dans le radical de certains verbes. Ils ne sont pas très nombreux, douze au total (tableau complet en fin de cahier). En voici déjà six.

decir	hacer	poder	poner	tener	venir
diré	haré	podré	pondré	tendré	vendré
dirás	harás	podrás	pondrás	tendrás	vendrás
dirá	hará	podrá	pondrá	tendrá	vendrá
…	…	…	…	…	…

MODULE 5 : MAÑANA SERÁ OTRO DÍA

 Rédige les réponses au futur simple. Modèle :
— *¿Has comprado ya los regalos?* **[demain]**
— *No, todavía no. Mañana los compraré.*

a. ¿Has puesto ya la mesa? [plus tard]

No, todavía no. ....

b. ¿Habéis hecho ya la tarea? [après-demain]

No, todavía no. ....

c. ¿Han venido ya tus amigos españoles? [la semaine prochaine]

No, todavía no. ....

d. ¿Habéis tenido ya las notas? [mercredi prochain]

No, todavía no. ....

e. ¿Han dicho ya cuándo se casan? [le mois prochain]

No, todavía no. ....

f. ¿Has podido hablar con Pablo? [bientôt]

No, todavía no. ....

Interroger quelqu'un sur sa profession

Pour demander à quelqu'un sa profession, tu peux poser ces questions :
¿Cuál es tu profesión?
→ *Quelle est ta profession ?*
¿En qué trabajas?
→ *Dans quoi travailles-tu ?*

Dedicarse a, mot à mot *se consacrer à*, s'emploie couramment pour demander à quelqu'un ce qu'il fait dans la vie :
¿A qué te dedicas?
→ *Que fais-tu dans la vie ?*

Bien sûr, tu peux poser ces questions en vouvoyant, en employant la 3e personne. Si tu hésites encore, reporte-toi au module 1 (exercice 29 et explications).

Les professions

actor, actriz	*acteur, actrice*
cocinero/a	*cuisinier/ère*
escritor/a	*écrivain(e)*
policía	*policier/ère*

MODULE 5 : MAÑANA SERÁ OTRO DÍA

5. Tu demandes à ces personnes quelle est leur profession (en les tutoyant) et elles te répondent. Complète le dialogue.

a. ¿Cuál es ....?

b. ....

c. En qué ....?

d. ....

6. Même exercice, mais cette fois tu vouvoies.

a. ¿A qué ....?

b. ....

c. ¿Cuál es ....?

d. ....

MODULE 5 : MAÑANA SERÁ OTRO DÍA

Exprimer un souhait, manifester un intérêt, dire un rêve

La formule passe-partout pour exprimer un souhait est **quisiera**, *je voudrais*. Tu peux l'utiliser pour démarrer une phrase dans de nombreuses situations :
Quisiera un café, por favor → *Je voudrais un café, s'il vous plaît.*
Quisiera ser actor → *Je voudrais être acteur.*

Voici quelques outils pour dire plus précisément tes intérêts personnels ou rêves professionnels. Attention aux constructions et aux prépositions !
Me interesa la música → *Je m'intéresse à la musique* (mot à mot *La musique m'intéresse*).
Me apasiona la moda → *Je suis passionné(e) de mode* (mot à mot *La mode me passionne*).
Sueño con ser artista → *Je rêve d'être artiste* (verbe **soñar**, construit avec **con**).
Mi ilusión es ser escritor → *Mon rêve est d'être écrivain* (**el sueño** signifie *le rêve* ; mais tu peux aussi dire **la ilusión**, si tu parles de ce qui te fait rêver).

Les professions (2)

un oficio manual	*un métier manuel*	fontanero/a	*plombier/ère*
curar	*soigner*	médico/a	*médecin*
dentista	*dentiste*	piloto	*pilote*
electricista	*électricien(ne)*	taxista	*chauffeur de taxi*

7 Les trois phrases en français disent les rêves et les projets des personnages. Traduis-les en complétant avec deux noms de métiers (pris dans la boîte), reliés par *o*, ou.

a. Je m'intéresse aux métiers manuels. Je voudrais être xxx ou xxx.

b. Je rêve de soigner les gens. Je serai xxx ou xxx.

c. Je suis passionné de voitures. Mon rêve est d'être xxx ou xxx.

....

....

....

MODULE 5 : MAÑANA SERÁ OTRO DÍA

Faire des projets professionnels

Si tu exprimes tes projets dans une phrase simple, tu utilises, comme en français, le futur : **Seré médico** → *Je serai médecin*. Mais attention : si tu construis une phrase complexe avec une proposition temporelle, tu ne peux pas utiliser le futur dans cette subordonnée ; à sa place, tu dois employer le subjonctif.

Tu ne diras donc jamais **Cuando seré mayor, "seré" médico**, mais **Cuando sea mayor, seré médico** → *Quand je serai adulte, je serai médecin*.

Dans cette phrase, à la place de **Cuando sea mayor**, tu peux aussi utiliser la formule **de mayor** ou **de mayores** au pluriel, sans verbe :
De mayores, seremos médicos → *Quand nous serons adultes, nous serons médecins.*
De mayor, seré taxista → *Quand je serai adulte, je serai chauffeur de taxi.*

Bien sûr, cette règle s'applique aux autres conjonctions temporelles :
En cuanto sea mayor… → *Dès que je serai adulte…*
El día en que sea mayor… → *Le jour où je serai adulte…*

Les professions (3)

abogado/a	*avocat(e)*
bombero/a	*pompier/ère*
cantante	*chanteur/euse*
carnicero/a	*boucher/ère*
informático/a	*informaticien(ne)*
músico/a	*musicien(ne)*
panadero/a	*boulanger/ère*
peluquero/a	*coiffeur/euse*
periodista	*journaliste*
pintor/a	*peintre*

MODULE 5 : MAÑANA SERÁ OTRO DÍA

8 Prends un moment pour travailler et mémoriser la nouvelle liste des noms de profession. Puis, sans la consulter et en t'aidant des pictogrammes, remplis la grille (au masculin singulier).

Horizontal

1.
2.
3.
4.

Vertical

I.
II.
III.
IV.
V.
VI.

9 Transforme et rédige ces phrases. Tu dois : 1) remplacer *De mayor* par *Cuando* + verbe *ser* conjugué à la personne indiquée entre crochets ; 2) compléter avec un nom de profession au féminin (le numéro renvoie à la grille de l'exercice précédent).

a. De mayor, … [yo, 1]. ➜ Cuando ....

b. De mayor, … [tú, 2]. ➜ Cuando ....

c. De mayores, … [vosotras, 3]. ➜ Cuando ....

d. De mayores, … [nosotras, 4] ➜ Cuando ....

108

MODULE 5 : MAÑANA SERÁ OTRO DÍA

10 Complète ces phrases avec les verbes proposés, à la personne indiquée. En complément, tu mettras un nom de profession (le numéro renvoie à la grille de l'exercice 8).

a. Cuando [terminar, ellos] .... su formación,
[trabajar, ellos] .... como [I] ....

b. En cuanto [tener, yo] .... dieciocho años,
[ser, yo] .... [II...........................

c. El día en que [poder, ella] .... elegir su profesión,
[elegir, ella] .... [III] ....

11 Barre les formes verbales fautives dans ces phrases.

a. El día en que [serás] [seas] menos nervioso, [podrás] [puedas] ser un buen cantante.

b. Cuando [compondrá] [componga] su primera canción, [veamos] [veremos] si es buen músico.

c. En cuanto [salgan] [saldrán] de la escuela de bomberos, [tengan] [tendrán] una profesión.

12 Traduis les phrases de l'exercice précédent.

a. ....

b. ....

c. ....

Exprimer le besoin, le manque et la nécessité

Tu connais l'obligation impersonnelle : **Hay que trabajar** → *Il faut travailler.*

Il ne faut pas confondre cette formule avec d'autres qui permettent de dire le besoin ou la nécessité qu'on a de quelque chose, et qui parfois se rendent aussi par « il faut » en français. Tu emploieras dans ce cas **hacer falta** :
Hace falta dinero para vivir → *Il faut de l'argent pour vivre.*
Me hacen falta veinte euros → *J'ai besoin de vingt euros / Il me faut vingt euros.*

Tu peux aussi passer par le verbe **necesitar**, *avoir besoin de*, qui se construit avec un pronom sujet, directement sans la préposition « de » :
Necesito dinero → *J'ai besoin d'argent.*

MODULE 5 : MAÑANA SERÁ OTRO DÍA

Ne confonds pas non plus ces tournures avec le verbe **faltar**, *manquer, faire défaut* :
¿Falta algo? → *Il manque quelque chose ?*
Falta mantequilla → *Il manque du beurre.*
Faltan las cucharas → *Il manque les cuillères.*
Me faltan diez euros → *Il me manque dix euros.*

13 **Raye les trois phrases incorrectes et qui n'ont pas de sens.**

¿Haces falta trabajar?   Hacen falta amigos.   Hay que dinero.
Me hace falta ayuda.   No hace falta manzanas.   No hay que mentir.

14 **Traduis les trois phrases que tu as gardées dans l'exercice précédent.**

a. ....
b. ....
c. ....

15 **Ces phrases expriment le besoin ou la nécessité à travers la tournure *hacer falta*. Reformule-les en utilisant *necesitar*.**

a. ¿Os hacen falta más patatas?
→ ....

b. A Pedro no le hacen falta ordenadores.
→ ....

c. Les hace falta tomar vacaciones.
→ ....

16 **Exercice inverse : remplace dans ces phrases le verbe *necesitar* par la tournure *hacer falta*.**

a. Te necesito.
→ ....

b. Necesitamos dos coches.
→ ....

c. ¿Necesitas tantos amigos en Facebook?
→ ....

MODULE 5 : MAÑANA SERÁ OTRO DÍA

TÂCHE PRATIQUE :
COMMANDER DES TAPAS

La tradition espagnole par excellence, c'est **la tapa**, la petite portion de nourriture qui accompagne la boisson dans les bars. Parfois payante, elle est, dans certaines villes, comprise dans le prix de la consommation. Tu peux aussi la demander en **media ración** (pour deux) ou en **ración** (plus abondante, comme un plat à partager). Leur variété est infinie. Dans la carte ci-contre, voyons les mots qui ne sont pas transparents.

Les tapas

patatas bravas	pommes de terre sauce piquante
montadito	canapé
albóndiga	boulette
pinchito	mini brochette
boquerón	anchois

atún	thon
camarón	petite crevette
langostino	grosse crevette
mejillón	moule

17 Ordonne les étiquettes et réécris la commande de ces clients.

a. boquerones   será   mí,   de   Para   una   fritos.   tapa

....

b. ración   bravas.   Ponme   patatas   media   de

....

c. a   ración   Nosotros   de   una   pedir   vamos   paella.

....

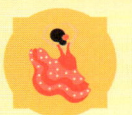

MODULE 5 : MAÑANA SERÁ OTRO DÍA

DÉCOUVERTE CULTURELLE :
LES ÉCHANGES AMÉRIQUE-EUROPE

La Conquista de América por los españoles cambió por completo la economía del mundo y hasta la forma de alimentarse: una de las mayores consecuencias del Descubrimiento fue, en efecto, el intercambio de productos y animales de un lado a otro del Atlántico.

18 À gauche le bateau qui vient d'Amérique ; à droite celui qui vient d'Europe. Révise la liste de mots puis, sans la consulter à nouveau, reporte sous chacun d'eux le nom des produits qu'ils transportent.

1

a.  .... f. ....

b.  .... g. ....

g.  .... h. ....

c.  .... i. ....

e. .... j. ....

2

a.  .... f. ....

b  .... g. ....

c.  .... h. ....

d.  .... i. ....

e.  .... j. ....

MODULE 5 : MAÑANA SERÁ OTRO DÍA

Alimentos y animales

el aguacate	l'avocat		la naranja	l'orange
las alubias	les haricots		la patata	la pomme de terre
el arroz	le riz		el pavo	le dindon
el cacao	le cacao		el pimiento	le piment
el calabacín	la courgette		la piña	l'ananas
el cerdo	le cochon		el pollo	le poulet
el limón	le citron		el tomate	la tomate
el maíz	le maïs		el trigo	le blé
la manzana	la pomme		la uva	le raisin
la miel	le miel		la vaca	la vache

Bilan

Envisager un événement futur
1. ………
2. ………
3. ………

Utiliser les futurs irréguliers
4. ………

Interroger quelqu'un sur sa profession
5. ………
6. ………

Exprimer un souhait, manifester un intérêt, dire un rêve
7. ………

Faire des projets professionnels
8. ………
9. ………
10. ………
11. ………
12. ………

Exprimer le besoin, le manque et la nécessité
13. ………
14. ………
15. ………
16. ………

Tâche pratique
Commander des *tapas*
17. ………

Découverte culturelle
Les échanges Amérique-Europe
18. ………

TABLEAUX DE CONJUGAISON

Infinitivo (infinitif)	Presente de indicativo (indicatif présent)	Presente de subjuntivo (subjonctif présent)	Imperativo (impératif)		Pretérito imperfecto de indicativo (indicatif imparfait)
Les verbes réguliers					
Hablar *parler*	hablo hablas habla hablamos habláis hablan	hable hables hable hablemos habléis hablen	habla	hablad	hablaba hablabas hablaba hablábamos hablabais hablaban
Aprender *apprendre*	aprendo aprendes aprende aprendemos aprendéis aprenden	aprenda aprendas aprenda aprendamos aprendáis aprendan	aprende	aprended	aprendía aprendías aprendía aprendíamos aprendíais aprendían
Vivir *vivre*	vivo vives vive vivimos vivís viven	viva vivas viva vivamos viváis vivan	vive	vivid	vivía vivías vivía vivíamos vivíais vivían
Les verbes à diphtongue e ➜ ie o ➜ ue					
Pensar *penser*	pienso piensas piensa pensamos pensáis piensan	piense pienses piense pensemos penséis piensen	piensa	pensad	pensaba pensabas pensaba pensábamos pensabais pensaban
Entender *comprendre*	entiendo entiendes entiende entendemos entendéis entienden	entienda entiendas entienda entendamos entendáis entiendan	entiende	entended	entendía entendías entendía entendíamos entendíais entendían
Contar *raconter*	cuento cuentas cuenta contamos contáis cuentan	cuente cuentes cuente contemos contéis cuenten	cuenta	contad	contaba contabas contaba contábamos contabais contaban
Mover *bouger*	muevo mueves mueve movemos movéis mueven	mueva muevas mueva movamos mováis muevan	mueve	moved	movía movías movía movíamos movíais movían
Les verbes à affaiblissement e ➜ i					
Pedir *demander*	pido pides pide pedimos pedís piden	pida pidas pida pidamos pidáis pidan	pide	pedid	pedía pedías pedía pedíamos pedíais pedían

Même modèle pour : seguir, corregir, despedir, elegir, impedir, medir, servir, vestir.

TABLEAUX DE CONJUGAISON

	Pretérito indefinido (passé simple)	Futuro (futur)	Gerundio / part. pasivo (part. présent / passé)
Les verbes réguliers			
	hablé hablaste habló hablamos hablasteis hablaron	hablaré hablarás hablará hablaremos hablaréis hablarán	hablando hablado
	aprendí aprendiste aprendió aprendimos aprendisteis aprendieron	aprenderé aprenderás aprenderá aprenderemos aprenderéis aprenderán	aprendiendo aprendido
	viví viviste vivió vivimos vivisteis vivieron	viviré vivirás vivirá viviremos viviréis vivirán	viviendo vivido
Les verbes à diphtongue e ➜ ie o ➜ ue			
	pensé pensaste pensó pensamos pensasteis pensaron	pensaré pensarás pensará pensaremos pensaréis pensarán	pensando pensado
	entendí entendiste entendió entendimos entendisteis entendieron	entenderé entenderás entenderá entenderemos entenderéis entenderán	entendiendo entendido
	conté contaste contó contamos contasteis contaron	contaré contarás contará contaremos contaréis contarán	contando contado
	moví moviste movió movimos movisteis movieron	moveré moverás moverá moveremos moveréis moverán	moviendo movido
Les verbes à affaiblissement e ➜ i			
	pedí pediste pidió pedimos pedisteis pidieron	pediré pedirás pedirá pediremos pediréis pedirán	pidiendo pedido

Même modèle pour : seguir, corregir, despedir, elegir, impedir, medir, servir, vestir.

TABLEAUX DE CONJUGAISON

Infinitivo (infinitif)	Presente de indicativo (indicatif présent)	Presente de subjuntivo (subjonctif présent)	Imperativo (impératif)		Pretérito imperfecto de indicativo (indicatif imparfait)
Les verbes à alternance e → ie et i o → ue et u					
Sentir *sentir, ressentir*	siento sientes siente sentimos sentís sienten	sienta sientas sienta sintamos sintáis sientan	siente	sentid	sentía sentías sentía sentíamos sentíais sentían
Même modèle pour : divertir, mentir, preferir, sugerir.					
Dormir *dormir*	duermo duermes duerme dormimos dormís duermen	duerma duermas duerma durmamos durmáis duerman	duerme	dormid	dormía dormías dormía dormíamos dormíais dormían
Même modèle pour : morir.					
Les verbes en -acer / -ecer / -ocer / -ucir, type conocer c → zc					
Conocer *connaître*	conozco conoces conoce conocemos conocéis conocen	conozca conozcas conozca conozcamos conozcáis conozcan	conoce	conoced	conocía conocías conocía conocíamos conocíais conocían
Même modèle pour : nacer, obedecer, padecer, parecer, pertenecer, relucir.					
Les verbes en -ducir, type conducir c → zc c → j					
Conducir *conduire*	conduzco conduces conduce conducimos conducís conducen	conduzca conduzcas conduzca conduzcamos conduzcáis conduzcan	conduce	conducid	conducía conducías conducía conducíamos conducíais conducían
Même modèle pour : deducir, introducir, producir, traducir, seducir.					
Autres verbes irréguliers					
Dar *donner*	doy das da damos dais dan	dé des dé demos deis den	da	dad	daba dabas daba dábamos dabais daban
Decir *dire*	digo dices dice decimos decís dicen	diga digas diga digamos digáis digan	di	decid	decía decías decía decíamos decíais decían
Estar *être*	estoy estás está estamos estáis están	esté estés esté estemos estéis estén	está	estad	estaba estabas estaba estábamos estabais estaban

TABLEAUX DE CONJUGAISON

Pretérito indefinido *(passé simple)*	Futuro *(futur)*	Gerundio / part. pasivo *(part. présent / passé)*
Les verbes à alternance e → ie et i o → ue et u		
sentí sentiste s**i**ntió sentimos sentisteis s**i**ntieron	sentiré sentirás sentirá sentiremos sentiréis sentirán	s**i**ntiendo sentido
Même modèle pour : divertir, mentir, preferir, sugerir.		
dormí dormiste d**u**rmió dormimos dormisteis d**u**rmieron	dormiré dormirás dormirá dormiremos dormiréis dormirán	d**u**rmiendo dormido
Même modèle pour : morir.		
Les verbes en -acer / -ecer / -ocer / -ucir, type conocer c → zc		
conocí conociste conoció conocimos conocisteis conocieron	conoceré conocerás conocerá conoceremos conoceréis conocerán	conociendo conocido
Même modèle pour : nacer, obedecer, padecer, parecer, pertenecer, relucir.		
Les verbes en -ducir, type conducir c → zc c → j		
condu**j**e condu**j**iste condu**j**o condu**j**imos condu**j**isteis condu**j**eron	conduciré conducirás conducirá conduciremos conduciréis conducirán	conduciendo conducido
Même modèle pour : deducir, introducir, producir, traducir, seducir.		
Autres verbes irréguliers		
di **diste** **dio** **dimos** **disteis** **dieron**	daré darás dará daremos daréis darán	dando dado
dije **dijiste** **dijo** **dijimos** **dijisteis** **dijeron**	**diré** **dirás** **dirá** **diremos** **diréis** **dirán**	**diciendo** **dicho**
estuve **estuviste** **estuvo** **estuvimos** **estuvisteis** **estuvieron**	estaré estarás estará estaremos estaréis estarán	estando estado

TABLEAUX DE CONJUGAISON

Infinitivo (infinitif)	Presente de indicativo (indicatif présent)	Presente de subjuntivo (subjonctif présent)	Imperativo (impératif)		Pretérito imperfecto de indicativo (indicatif imparfait)
Autres verbes irréguliers					
Haber *auxiliaire avoir*	he has ha hemos habéis han	haya hayas haya hayamos hayáis hayan	–	–	había habías había habíamos habíais habían
Hacer *faire*	hago haces hace hacemos hacéis hacen	haga hagas haga hagamos hagáis hagan	haz	haced	hacía hacías hacía hacíamos hacíais hacían
Ir *aller*	voy vas va vamos vais van	vaya vayas vaya vayamos vayáis vayan	ve	id	iba ibas iba íbamos ibais iban
Oír *entendre*	oigo oyes oye oímos oís oyen	oiga oigas oiga oigamos oigáis oigan	oye	oíd	oía oías oía oíamos oíais oían
Poder *pouvoir*	puedo puedes puede podemos podéis pueden	pueda puedas pueda podamos podáis puedan	–	–	podía podías podía podíamos podíais podían
Poner *mettre, poser*	pongo pones pone ponemos ponéis ponen	ponga pongas ponga pongamos pongáis pongan	pon	poned	ponía ponías ponía poníamos poníais ponían
Querer *vouloir, aimer*	quiero quieres quiere queremos queréis quieren	quiera quieras quiera queramos queráis quieran	quiere	quered	quería querías quería queríamos queríais querían
Saber *savoir*	sé sabes sabe sabemos sabéis saben	sepa sepas sepa sepamos sepáis sepan	sabe	sabed	sabía sabías sabía sabíamos sabíais sabían
Salir *sortir, partir*	salgo sales sale salimos salís salen	salga salgas salga salgamos salgáis salgan	sal	salid	salía salías salía salíamos salíais salían

TABLEAUX DE CONJUGAISON

Pretérito indefinido *(passé simple)*	Futuro *(futur)*	Gerundio / part. pasivo *(part. présent / passé)*
Autres verbes irréguliers		
hube / hubiste / hubo / hubimos / hubisteis / hubieron	habré / habrás / habrá / habremos / habréis / habrán	habiendo / habido
hice / hiciste / hizo / hicimos / hicisteis / hicieron	haré / harás / hará / haremos / haréis / harán	haciendo / hecho
fui / fuiste / fue / fuimos / fuisteis / fueron	iré / irás / irá / iremos / iréis / irán	yendo / ido
oí / oíste / oyó / oímos / oísteis / oyeron	oiré / oirás / oirá / oiremos / oiréis / oirán	oyendo / oído
pude / pudiste / pudo / pudimos / pudisteis / pudieron	podré / podrás / podrá / podremos / podréis / podrán	pudiendo / podido
puse / pusiste / puso / pusimos / pusisteis / pusieron	pondré / pondrás / pondrá / pondremos / pondréis / pondrán	poniendo / puesto
quise / quisiste / quiso / quisimos / quisisteis / quisieron	querré / querrás / querrá / querremos / querréis / querrán	queriendo / querido
supe / supiste / supo / supimos / supisteis / supieron	sabré / sabrás / sabrá / sabremos / sabréis / sabrán	sabiendo / sabido
salí / saliste / salió / salimos / salisteis / salieron	saldré / saldrás / saldrá / saldremos / saldréis / saldrán	saliendo / salido

TABLEAUX DE CONJUGAISON

Infinitivo (infinitif)	Presente de indicativo (indicatif présent)	Presente de subjuntivo (subjonctif présent)	Imperativo (impératif)		Pretérito imperfecto de indicativo (indicatif imparfait)
Autres verbes irréguliers					
Ser *être*	soy eres es somos sois son	sea seas sea seamos seáis sean	sé	sed	era eras era éramos erais eran
Tener *avoir, posséder*	tengo tienes tiene tenemos tenéis tienen	tenga tengas tenga tengamos tengáis tengan	ten	tened	tenía tenías tenía teníamos teníais tenían
Traer *apporter*	traigo traes trae traemos traéis traen	traiga traigas traiga traigamos traigáis traigan	trae	traed	traía traías traía traíamos traíais traían
Venir *venir*	vengo vienes viene venimos venís vienen	venga vengas venga vengamos vengáis vengan	ven	venid	venía venías venía veníamos veníais venían
Ver *voir*	veo ves ve vemos veis ven	vea veas vea veamos veáis vean	ve	ved	veía veías veía veíamos veíais veían

TABLEAUX DE CONJUGAISON

Pretérito indefinido *(passé simple)*	Futuro *(futur)*	Gerundio / part. pasivo *(part. présent / passé)*
Autres verbes irréguliers		
fui fuiste fue fuimos fuisteis fueron	seré serás será seremos seréis serán	siendo sido
tuve tuviste tuvo tuvimos tuvisteis tuvieron	tendré tendrás tendrá tendremos tendréis tendrán	teniendo tenido
traje trajiste trajo trajimos trajisteis trajeron	traeré traerás traerá traeremos traeréis traerán	trayendo traído
vine viniste vino vinimos vinisteis vinieron	vendré vendrás vendrá vendremos vendréis vendrán	viniendo venido
vi viste vio vimos visteis vieron	veré verás verá veremos veréis verán	viendo visto

SOLUTIONS

MODULE 0

1 a. 1 b. 2 c. 2

2 a. CE DE b. DE UVE DE c. EQUIS ELE d. JOTA PE GE

3 a. EFE b. EME c. ERRE d. ZETA

4 a. uve doble b. hache c. i griega d. cu

5 a. [SS] b. [SS] c. [TH] d. [TH] e. [TH] f. [TH] / [SS] / [SS]

6 a. Zaragoza b. Cazorla c. Valencia d. Zumárraga. e. Orense f. Cáceres

7 a. nueces b. raíces c. luces d. lápices

8 a. pez b. actriz c. voz d. vez

9 a. La boquita b. Una tortuguita c. Un poquito d. Un amiguito

10 a. ritmo b. filósofo c. antropofagia d. cronológico e. simbólico f. psicología g. arqueología h. termómetro

11 a. solución / educación / alimentación / emoción / tradición / invención b. reacción / dirección / elección / producción / traducción / ficción

12 a. inmóvil b. inmediato c. inmenso d. imaginación

13

	.•.	..•	•..	.•	•.	..•.	.•..
España	✓						
Pacífico							✓
Inglaterra						✓	
México			✓				
Atlántico							✓
Túnez					✓		
Senegal		✓					
Panamá		✓					
Chile					✓		
Iraq				✓			
Irán				✓			
Dinamarca						✓	
Líbano			✓				
Marruecos	✓						

14 a. syll. 2 b. syll. 2 c. syll. 3 d. syll. 3 e. syll. 3 f. syll. 2 g. syll. 2 h. syll. 1 i. syll. 1 j. syll. 2 k. syll. 2 l. syll. 3.

15 a. José b. Gádor c. Óscar d. Malú e. Belén f. Ángel g. César h. Jazmín i. Adán j. Jesús k. Inés l. Víctor

16 a. ¿Dónde está la sílaba tónica de tu nombre? b. ¿Quién lo sabe? c. ¿Lo sabes tú? d. ¿Cuántas sílabas tiene? e. A mí no me gustan los acentos. f. A mi hermano sí. g. Si él lo sabe, pregúntale.

17 a. dos catalanes b. dos lecciones c. dos exámenes d. dos yogures e. dos móviles f. dos dólares

18 a. un melocotón b. un inglés c. un andaluz d. un chándal e. un pastel f. una imagen

MODULE 1

1 a. Somos nosotras. b. Soy yo.

2 a. Estoy aquí. b. Estamos aquí.

3 a. ¿Quién es Pedro? b. ¿Quiénes son Paco y Belén? c. ¿Quiénes sois? d. ¿Dónde están Pedro y Luisa? e. ¿Dónde estáis?

4 a. Qui est Pedro ? b. Qui sont Paco et Belén ? c. Qui êtes-vous ? d. Où sont Pedro et Luisa ? e. Où êtes-vous ?

5 a. Vous êtes Carlos et Ana ? b. Non, ils ne sont pas là. c. Est-ce que Pedro et Gloria sont là ? d. Oui, c'est nous.

6 a. alemán b. argelino c. belga d. escocés e. griego f. iraní g. nicaragüense h. tunecino

7 a. argelina b. iraníes c. nicaragüenses d. tunecino

8 a. Soy belga. Soy del Standard de Lieja. b. Somos griegos. Somos del Panathinaikos de Atenas. c. Somos escocesas. Somos del Céltic de Glasgow. d. Soy alemana. Soy del Dortmund.

9 a. la / de los b. el / de las c. los / de la d. las / del

10 a. La calle estrecha. b. El turrón blando. c. La casa sucia. d. El libro grande. e. La mesa alta y cuadrada.

11 a. Es una chica alegre. b. Soy alta. c. La perra es bonita. d. Mis hermanas son pobres. e. Las profesoras son útiles.

12 a. Estudio idiomas difíciles. b. Los reyes de España son jóvenes. c. Escucho canciones viejas y tristes. d. Tengo malas profesoras. e. ¿Cómo están las calles, secas o mojadas?

13 a. El coche de Juan es lento, caro y feo. b. Los tomates son redondos. c. Las flores son baratas. d. ¿Cómo quieres la leche, fría o caliente? e. ¿Cuáles son los colores de la bandera de España?

14 a. La gente no es lista, es tonta. b. Tu equipaje no es ligero, es pesado. c. No tengo ropa clara, me gusta la ropa oscura. d. Tú tienes el pelo corto y yo tengo el pelo largo.

15 a. El aceite es verde. b. La sangre es roja. c. La mantequilla es amarilla. d. La sal es blanca.

SOLUTIONS

16

masculin singulier	masculin pluriel	féminin singulier	féminin pluriel
el deportista rápido	los deportistas rápidos	la deportista rápida	las deportistas rápidas
el cantante rico	los cantantes ricos	la cantante rica	las cantantes ricas
el estudiante alegre	los estudiantes alegres	la estudiante alegre	las estudiantes alegres
el amigo inútil	los amigos inútiles	la amiga inútil	las amigas inútiles

17 a. Miguel mide un metro treinta y ocho y pesa veintisiete kilos. **b.** Carlota mide un metro quince y pesa diecinueve kilos.

18 a. ¿Cuánto mides? **b.** Mido un metro cincuenta y nueve. **c.** ¿Cuánto pesas? **d.** Peso ochenta y cinco kilos.

19 a. ¿Cuánto medís? **b.** Medimos un metro noventa y uno. **c.** ¿Cuánto pesáis? **d.** Pesamos cuarenta y ocho kilos.

20 a. la frente **b.** la ceja **c.** el ojo **d.** la oreja **e.** la nariz **f.** la boca **g.** la mejilla **h.** el cuello

21 a. la cabeza **b.** el hombro **c.** el brazo **d.** la mano **e.** el dedo **f.** la pierna **g.** la rodilla **h.** el pie

22 a. Mis amigas son valientes. **b.** Los alumnos son muy obedientes. **c.** Es una chica encantadora. **d.** Soy una persona nerviosa.

23 a. ¡¡Eres inconstante, torpe y egoísta!! **b.** Soy racional, optimista y educado.

24 a. Mario se pasa el día diciendo palabrotas. **b.** Nosotras nos pasamos las noches escribiendo cartas de amor **c.** Vosotros os pasáis la vida haciendo favores a la gente. **d.** Tú te pasas los domingos reparando el coche. **e.** Ellas se pasan el tiempo ayudando a los amigos. **f.** Yo me paso los viernes diciendo que va a llover.

25 a. Mario es grosero. **b.** Nosotras somos sentimentales. **c.** Vosotros sois serviciales. **d.** Tú eres habiloso. **e.** Ellas son fieles. **f.** Yo soy pesimista.

26 a. Es tu bolígrafo. Es el tuyo. **b.** Son tus tijeras. Son las tuyas. **c.** Es tu calculadora. Es la tuya. **d.** Son tus rotuladores. Son los tuyos **e.** Es nuestro bolígrafo. Es el nuestro. **f.** Son nuestras tijeras. Son las nuestras. **g.** Es nuestra calculadora. Es la nuestra. **h.** Son nuestros rotuladores. Son los nuestros.

27 a. Son sus cuadernos. Son los suyos. **b.** Es su pincel. Es el suyo. **c.** Es su mochila. Es la suya.

d. Son sus gomas. Son las suyas. **e.** Son vuestros cuadernos. Son los vuestros. **f.** Es vuestro pincel. Es el vuestro. **g.** Es vuestra mochila. Es la vuestra. **h.** Son vuestras gomas. Son las vuestras.

28 a. ¿De quién son los lápices? **b.** Son míos. **c.** Son suyos. **d.** De quién son las grapadoras? **e.** Son mías. **f.** Son suyas. **g.** ¿De quién es la escuadra? **h.** Es mía. **i.** Es suya. **j.** ¿De quién es el celo? **k.** Es mío. **l.** Es suyo.

29 a. ¿Es tu regla? **b.** ¿Es tuya la regla? **c.** ¿Es su regla? **d.** ¿Es suya la regla? **e.** ¿Es vuestra regla? **f.** ¿Es vuestra la regla? **g.** ¿Son tus sacapuntas? **h.** ¿Son tuyos los sacapuntas? **i.** ¿Son sus sacapuntas? **j.** ¿Son suyos los sacapuntas? **k.** ¿Son vuestros sacapuntas? **l.** ¿Son vuestros los sacapuntas?

30 a. ¿Cuál es tu número de móvil? **b.** Tienes una llamada en el fijo. **c.** Mi teléfono no tiene batería. **d.** No te oigo bien porque tengo mala cobertura.

31 a. Quel est ton numéro de portable ? **b.** Tu as un appel sur le fixe. **c.** Mon téléphone n'a pas de batterie. **d.** Je ne t'entends pas bien parce que j'ai un mauvais réseau.

32 a. 4 **b.** 7 **c.** 8 **d.** 2 **e.** 6 **f.** 5 **g.** 3 **h.** 1

33 a. mentira **b.** verdad **c.** mentira **d.** verdad **e.** verdad **f.** mentira **g.** mentira

34 a. Barcelona **b.** Barcelona **c.** Madrid **d.** Madrid **e.** Madrid **f.** Madrid **g.** Barcelona

35 a. ¡Aúpa Atleti! **b.** ¡Visca el Barça! **c.** ¡Hala Madrid!

36 a. árbol **b.** avenida **c.** gol **d.** campo **e.** cálido **f.** fuente **g.** empate **h.** puerto **i.** carretera **j.** consigna **k.** hincha **l.** cuadro

MODULE 2

1 a. ¿Estás seguro de que es verdad? **b.** Estamos seguros de que es mentira. **c.** María y Ana están seguras de que hoy hay examen. **d.** ¿Está usted segura de que va a llover, señora? **e.** ¿Estáis seguros de que es una buena idea? **f.** Estoy seguro de que Paco me va a ayudar.

2 a. No estoy seguro de que te llames Ana. **b.** No pienso que mis hermanos coman demasiado. **c.** No estamos seguros de que esta tienda abra los domingos. **d.** Los profesores no piensan que hable bien español. **e.** No pienso que cantéis fatal. **f.** No estáis seguros de que vivamos felices.

3 a. Estoy seguro de que bailáis muy bien. **b.** Pienso que a tu padre le gusta el rock. **c.** Estoy seguro de que Pedro pesa más que yo. **d.** Estoy segura de que trabajas bien en el colegio. **e.** Pienso que mis alumnos leen mucho. **f.** Los profesores piensan que escribimos bien.

SOLUTIONS

4 a. Me parece que voy a vender el coche. b. Mis padres son ecologistas y les parece que lo mejor es la bicicleta. c. ¿Os parece que es la solución? d. A Luis le parece que el metro es rápido y barato. e. ¿Te parece que es mejor ir a pie al trabajo? f. Nos parece que el autobús es más simpático.

5

infinitif	yo	tú	él, ella
venir	vengo	vienes	viene
volver	vuelvo	vuelves	vuelve
cerrar	cierro	cierras	cierra
servir	sirvo	sirves	sirve
vestir	visto	vistes	viste
salir	salgo	sales	sale
tener	tengo	tienes	tiene

nosotros, nosotras	vosotros, vosotras	ellos, ellas
venimos	venís	vienen
volvemos	volvéis	vuelven
cerramos	cerráis	cierran
servimos	servís	sirven
vestimos	vestís	visten
salimos	salís	salen
tenemos	tenéis	tienen

6 a. No me parece que Javier tenga mucho dinero. b. Mi padre no cree que el dinero sirva para ser feliz. b. No creo que cada año vengan más turistas. d. No me parece que el profesor vista muy bien. e. No le parece que salgamos muy tarde del colegio.

7 a. Cree que el supermercado cierra los domingos. b. Creo que podemos estar contentos. b. Me parece que hacéis muchos esfuerzos. d. Parece que vuelve el buen tiempo. e. Mis padres creen que yo les pido demasiado dinero.

8 a. Me encantan las pantallas y las redes sociales. b. A mí también. c. A mí no. d. Mando muchos mensajes. e. Yo también. e. Yo no.

9 a. No me gustan los ordenadores. b. A mí tampoco. c. A mí sí. d. No me conecto a Internet para la tarea. e. Yo tampoco. f. Yo sí.

10 a. Puedo / Soy capaz de marcar un gol b. Podemos / Somos capaces de nadar c. Pueden / Son capaces de correr una maratón d. Puede / Es capaz de bucear e. Puedes / Eres capaz de levantar un peso de ochenta kilos f. Podéis / Sois capaces de escalar un puerto

11 a. ¿Conoces Andalucía? b. No, no la conozco. c. ¿Conocéis Cataluña? d. No, no la conocemos. e. ¿Conoce usted Galicia? f. No, no la conozco.

12 a. ¿Sabéis hablar chino? b. Sé conducir una moto. c. Saben contar hasta diez en árabe. d. Sabes pedir un café en español. e. Sabemos servirnos de un ordenador. f. Sabe traducir del alemán al ruso.

13 a. el sabor b. el tacto c. la vista d. el olfato e. el oído

14 a. Pruebo b. Toco c. Veo d. Huelo e. Oigo

15 a. Oyen caer la lluvia. b. Ils entendent tomber la pluie. c. Oís sonar el móvil. d. Vous entendez sonner le portable. e. Oímos una canción triste. f. Nous entendons une chanson triste. g. Oigo a mi madre cantar. h. J'entends ma mère chanter. i. Oyes el perro del vecino. j. Tu entends le chien du voisin. k. Oye música en la radio. l. Il entend de la musique à la radio.

16 a. Esta galleta sabe a vainilla. b. Este pirulí sabe a fresa. c. Estos caramelos saben a limón. d. Estos chicles saben a menta.

17 a. Huele usted mal, señor. b. Oléis bien, amigos. c. Huele a mar. d. Olemos a perro. e. Hueles a lluvia. f. Huelo a pescado.

18 a. Sí, por favor, tengo mucha sed. b. Sí, por favor, tengo mucha hambre. c. Sí, por favor, tengo muchas ganas de ver una película.

19 a. No, gracias, no tengo mucho frío. b. No, gracias, no tengo mucho calor. c. No, gracias, no tengo mucho sueño.

20 a. oídos b. muelas c. garganta d. pecho e. estómago f. espalda

21 a. A ti te duelen los oídos. b. A usted le duelen las muelas. c. A los niños les duele la garganta. d. A mí me duele el pecho. e. A vosotros os duele el estómago. f. A nosotros nos duele la espalda.

22 a. Adriana está en contra del uniforme. b. Pablo está en contra del uniforme. c. Rosa está a favor del uniforme. d. Carla está a favor del uniforme. e. Rafael está a favor del uniforme. f. Sergio está en contra del uniforme.

23 a. Adriana está de acuerdo con Sergio *ou* Adriana y Sergio están de acuerdo. b. Pablo no está de acuerdo con Rafael *ou* Pablo y Rafael no están de acuerdo.

24 a. ¡No estoy de acuerdo contigo! b. ¡Estoy de acuerdo contigo!

25 a. ¡Tienes razón! b. ¡Estás equivocado!

26 a. Mar del Caribe b. Amazonas c. Amazonia d. Océano Pacífico e. Cordillera de los Andes f. Océano Atlántico

27 a. Tijuana b. La Paz c. Ushuaía

MODULE 3

1 a. ¡Buen viaje! b. ¡Salud! c. ¡Buen provecho! d. ¡Felicidades!

2 a. ¡Feliz cumpleaños! b. ¡Feliz año! c. ¡Suerte! d. ¡Enhorabuena!

3 a. Limpio los cristales con un trapo (ou el cristal). b. Lavo los platos con una esponja (ou el plato). c. Barro el suelo con una escoba.

4 a. Quiero que limpies los cristales con un trapo (ou el cristal). b. Quiero que laves los platos con una esponja (ou el plato). c. Quiero que barras el suelo con una escoba.

5 a. Saco el perro. b. Tiro la basura. c. Riego las plantas. d. Recojo mi cuarto. e. Hago la cama.

6 a. Mi madre quiere que saque el perro. b. Mi madre quiere que tire la basura. c. Mi madre quiere que riegue las plantas. d. Mi madre quiere que recoja mi cuarto. e. Mi madre quiere que haga la cama.

7 a. Ponemos la lavadora. b. Quitamos el polvo. c. Pasamos la aspiradora. d. Planchamos la ropa.

8 a. Nuestra madre quiere que pongamos la lavadora. b. Nuestra madre quiere que quitemos el polvo. c. Nuestra madre quiere que pasemos la aspiradora d. Nuestra madre quiere que planchemos la ropa.

9 a. Pido... salud y dinero / un poco de leche fría / muchos regalos a los Reyes Magos / un bolígrafo. b. Pregunto... qué edad tiene / si es española / el nombre del perro / a qué hora tenemos clase de español.

10 a. Mi madre me pide que seque los vasos. b. Te pido que laves los platos. c. Os pido que pongáis y recojáis la mesa.

11 a. Mi padre nos dice que sacudamos el mantel. b. Les digo a mis hijos que doblen la servilleta. c. Le dice a su hija que guarde los tenedores, los cuchillos y las cucharas.

12 a. Te aconsejo que veas esa película. b. Os aconsejo que estéis aquí a las ocho. c. Le recomendamos que sea educado. d. ¿Por qué me recomiendas que vaya a Andalucía? e. El profesor nos aconseja que sepamos las conjugaciones.

13

infinitif	tú	vosotros
leer	lee	leed
medir	mide	medid
traducir	traduce	traducid
volver	vuelve	volved
oler	huele	oled
cerrar	cierra	cerrad
probar	prueba	probad
quitar	quita	quitad

14 a. Traducid b. Volved c. Cerrad d. Huele e. Prueba f. Quita g. mide h. leed

15 a. Ten b. Di c. Salid d. Ve e. Sed f. Venid g. Pon h. Haced

16 a. No cojáis la cuchara con la mano izquierda. b. No pongáis los codos en la mesa. c. Doblad bien la servilleta. d. Eso, para empezar. No seáis tan locos. Sed educados. Sed correctos. e. No bebáis. No fuméis. No toséis. No respiréis.

17 a. Coge la cuchara con la mano izquierda. b. Pon los codos en la mesa. c. No dobles bien la servilleta. d. Eso, para empezar. Sé loco. No seas educado. No seas correcto. e. Bebe. Fuma. Tose. Respira.

18 a. Tienes que compartir vídeos únicamente con los amigos. b. No debes chatear con perfiles inquietantes.

19 a. Hay que elegir una contraseña segura. b. Es malo bajarte archivos de personas desconocidas.

20 a. Es importante tener cuidado si cuelgas fotos personales. b. No es bueno conectarse a páginas peligrosas.

21 a. Comparte vídeos únicamente con los amigos. b. Comparta vídeos únicamente con los amigos. c. Elige una contraseña segura. d. Elija una contraseña segura. e. Ten cuidado si cuelgas fotos personales. f. Tenga cuidado si cuelga fotos personales.

22 a. No chatees con perfiles inquietantes. b. No chatee con perfiles inquietantes. c. No te bajes archivos de personas desconocidas. d. No se baje archivos de personas desconocidas. e. No te conectes a páginas peligrosas. f. No se conecte a páginas peligrosas.

SOLUTIONS

23 a. Pela / corta b. Fríe c. escurre d. Bate / sala / añade e. Cubre / echa f. Mueve / cuaja g. Dale la vuelta h. Sirve / degusta

24 a. Pele / corte b. Fría c. escurra d. Bata / sale / añada e. Cubra / eche f. Mueva / cuaje g. Dele la vuelta h. Sirva / deguste

25 a. Mediterráneo b. Mediterráneo c. Atlántico d. Cantábrico e. Atlántico

26 a. San Sebastián b. Tenerife c. Almería d. Cadaqués e. Cádiz

MODULE 4

1 a. Esta mañana he sacado al perro. b. Esta mañana he llevado al niño a la guardería. c. Esta mañana he ido a la oficina. d. Esta mañana he hecho cuarenta llamadas. e. Esta mañana he escrito veinte correos. f. Esta mañana he visto a diez clientes.

2 a. ha roto b. Has pedido c. han abierto d. hemos vuelto e. Habéis tenido f. he levantado

3 a. Has bebido bastante. b. Me he acostado tarde a menudo. / A menudo me he acostado tarde. c. Habéis dormido demasiado y trabajado poco. d. Han salido mucho esta semana. e. Siempre hemos dicho la verdad. f. Ha venido a veces a España. / A veces ha venido a España.

4 a. Ya he ido a España. / Todavía no he ido a España. b. Ya he hecho camping. / Todavía no he hecho camping. c. Ya he viajado solo. / Todavía no he viajado solo. d. Ya he conducido un coche. / Todavía no he conducido un coche. e. Ya he cantado en público. / Todavía no he cantado en público. f. Ya me he puesto un casco. / Todavía no me he puesto un casco. g. Ya he escrito poemas. / Todavía no he escrito poemas. h. Ya he corrido una maratón. / Todavía no he corrido una maratón.

5 a. No hemos vuelto a España desde el mes de agosto. b. Usted no ha ido a Sevilla desde hace mucho tiempo. c. Yo no he tomado el metro desde hace un año. d. Tú no has visto la tele desde el domingo.

6

infinitif	yo	tú	él /ella / usted	nosotros / nosotras	vosotros / vosotras	ellos /ellas / ustedes
pedir	pedía	pedías	pedía	pedíamos	pedíais	pedían
volver	volvía	volvías	volvía	volvíamos	volvíais	volvían
estar	estaba	estabas	estaba	estábamos	estabais	estaban
acostarse	me acostaba	te acostabas	se acostaba	nos acostábamos	os acostabais	se acostaban

7 a. recibía b. traían c. teníamos d. inventábamos e. fabricabas f. jugabas g. escondíamos h. sorprendíamos i. tirábamos j. eran

8 a. salgo b. salí c. volviste d. vuelvo e. se acuestan f. se acostaron g. vimos h. veo i. gustó j. gusta

9 Barrer : huele, saque, bebamos, cuelgues, recibáis, olíamos

10 a. regalaron b. sabían / gustaba c. tenía d. mentí / encantaba / era / quería e. vendí f. compré

11 a. El verano pasado, fui vacaciones a América. b. El mes pasado, estuvisteis de viaje por México. c. Ayer compramos un billete. d. Anoche alguien me llamó, ¿fuiste tú? e. ¿Anteayer estuviste en clase? f. El lunes pasado, las noticias fueron malas.

12 a. viniste / Dijiste b. pude c. tuviste d. hice

13 a. ¿Por qué no vinisteis a mi cumpleaños? ¡Dijisteis que ibais a venir! b. No pudimos, lo sentimos. c. ¿Y no tuvisteis tiempo para mandarme un mensaje? d. ¡Claro que sí: lo hicimos!

14 a. Supiste c. puso d. quiso

15 a. No supieron la respuesta. b. Los profesores les pusieron una mala nota. c. No quisieron decir qué nota tenían.

16 a. dan b. da c. dio / dieron

17 a. das b. di c. diste d. doy

18 a. ¿Me dais veinte euros, por favor? b. ¿¿Qué?? ¡Ya te dimos cuarenta anteayer! c. Mentira, ¡me disteis solo diez! d. Bueno, te damos cuarenta, pero tienes que tener un diez en español

19 a. ¿Cuánto cuesta un sello para Francia, por favor? b. Buenos días, quisiera un sobre y una postal. c. Perdón, ¿sabe dónde hay un buzón por aquí? d. Hola, estoy buscando una oficina de Correos. e. Correos está cerrado y los estancos también.

20 a. Combien coûte un timbre pour la France, s'il vous plaît ? b. Bonjour, je voudrais une enveloppe et une carte postale. c. Pardon, savez-vous où il y a une boîte aux lettres par ici ? d. Salut, je cherche un bureau de poste. e. La Poste est fermée et les bureaux de tabac aussi.

SOLUTIONS

21 Destinataire et adresse
(Les nom et prénom sont libres)
Emilia Bazán
Embajadores 94
28045 MADRID
Texte
Querida Emilia (ou Hola Emilia ou Hola chica)
¡Estamos en Tenerife desde hace tres días! Estamos fenomenal. ¡Hace menos calor que en Madrid!
Ayer subí al Teide en bicicleta y esta mañana he buceado.
Muchos recuerdos
(ou Muchos besos ou ¡Hasta pronto!)
Juanito

22 **a.** mil quinientos treinta y dos. **b.** mil quinientos veintidós. **c.** mil cuatrocientos noventa y dos. **d.** mil quinientos diecinueve

23 **a.** Francisco Pizarro **b.** Juan Sebastián Elcano **c.** Cristóbal Colón **d.** Hernán Cortés

24 desembarcó / descubrió / fue / dio

25 llegó / Mandó / conquistó / sometió

26 realizó / perdió / reemplazó / fue / dio

27 comenzó / Hizo / ejecutó / Impuso

MODULE 5

1 **a.** Vais a jugar **b.** jugaremos **c.** Vas a ver **d.** veré **e.** Van a escribir **f.** escribirán

2 **a.** Va a hablar hoy. **b.** Vamos en cenar dentro de cinco minutos. **c.** Voy a acostarme enseguida.

3 **a.** ¿Me llamarás mañana? **b.** Iréis al cine otra vez. **c.** No sé cuándo estará aquí.

4 **a.** La pondré más tarde. **b.** La haremos pasado mañana. **c.** Vendrán la semana próxima. **d.** Las tendremos el próximo miércoles. **e.** Lo dirán el mes que viene. **f.** Pronto podré.

5 **a.** ¿Cuál es tu profesión? **b.** Soy escritora. **c.** ¿En qué trabajáis? **d.** Somos policías.

6 **a.** ¿A qué se dedica usted? **b.** Soy cocinero. **c.** ¿Cuál es su profesión? **d.** Soy actriz.

7 **a.** Me interesan los oficios manuales. Quisiera ser electricista o fontanero. **b.** Sueño con curar a la gente. Seré médica o dentista. **c.** Me apasionan los coches. Mi ilusión es ser piloto o taxista.

8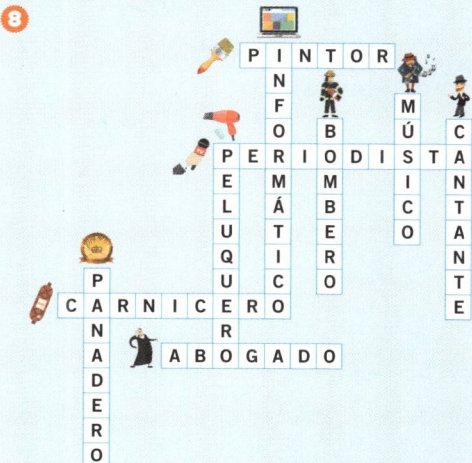

9 **a.** Cuando sea mayor, seré pintora. **b.** Cuando seas mayor, serás periodista. **c.** Cuando seáis mayores, seréis carniceras. **d.** Cuando seamos mayores, seremos abogadas.

10 **a.** terminen / trabajarán como panaderos **b.** tenga / seré peluquero (ou peluquera) **c.** pueda / elegirá informática

11 **a.** [serás] [seas] / [podrás] [puedas]
b. [compondrá] [componga] / [veamos] [veremos]
c. [salgan] / [saldrán] / [tengan] [tendrán]

12 **a.** Le jour où tu seras moins nerveux, tu pourras être un bon chanteur. **b.** Quand il composera sa première chanson, nous verrons si c'est un bon musicien. **c.** Dès qu'ils sortiront de l'école des pompiers, ils auront une profession.

13 Phrases à rayer : ¿Haces falta trabajar? / Hay que dinero. / No hace falta manzanas.

14 **a.** Il faut des amis. / On a besoin d'amis.
b. J'ai besoin d'aide / Il me faut de l'aide. **c.** Il ne faut pas mentir.

15 **a.** ¿Necesitáis más patatas? **b.** Pedro no necesita ordenadores. **c.** Necesitan tomar vacaciones.

16 **a.** Me haces falta. **b.** Nos hacen falta dos coches. **c.** ¿Te hacen falta tantos amigos en faceook?

17 **a.** Para mí, será una tapa de boquerones fritos. **b.** Ponme media ración de patatas bravas. **c.** Nosotros vamos a pedir una ración de paella.

18 1) **a.** el maíz **b.** el pimiento **c.** la piña
d. el aguacate **e.** el pavo **f.** el tomate **g.** el cacao
h. la patata **i.** el calabacín **j.** las alubias
2) **a.** el arroz **b.** el pollo **c.** el limón **d.** la naranja
e. la miel **f.** el trigo **g.** la manzana **h.** la vaca
i. el cerdo **j.** la uva

TABLEAU D'AUTOÉVALUATION

Bravo, tu es venu à bout de ce cahier ! Il est temps à présent de faire le point sur tes compétences et de comptabiliser les icônes afin de procéder à l'évaluation finale. Reporte le sous-total de chaque chapitre dans les cases ci-dessous puis additionne-les afin d'obtenir le nombre final d'icônes dans chaque couleur et découvre tes résultats !

😊 😐 ☹️

Module 0 ....
Module 1 ....
Module 2 ....
Module 3 ....
Module 4 ....
Module 5 ....

Total, tous modules confondus ....

Tu as obtenu une majorité de...

¡Fenomenal! Super !
Tu t'en es très bien sorti, continue comme ça !

¡No está mal!
Ce n'est pas mal !
Mais tu peux progresser en refaisant les exercices où tu as fait des erreurs.

¡Ánimo! Courage !
Reprends l'ensemble de l'ouvrage en relisant bien les leçons avant de refaire les exercices.

CRÉDITS ICONOGRAPHIQUES

Couverture : Anne-Sophie Peyer. **Intérieur :** DR : 58, 59, 76, 99. Fotolia : benchart : 64 exo 5(e) ; robu_s : 108(IV) Shutterstock : Adam Vilimek : 48 ; Alexander Ryabintsev : 84 ; Alfonso de Tomas : 34h, 78g ; Aliaksei_7799 : 1 ; Amplion : 108(4), 127 ; andreysharonov : 52(cookie) ; ankomando : 14, 15 ; arbit : 67 ; avian : 44 ; Beresnev : 108(3), 112(saucisse), 127 ; Blablo101 : 25h, 64 ; BlueRingMedia : 22md, 23, 24bd, 112(farine) ; Borodatch : 36 ; chuhastock : 48€ ; Colorcocktail : 112(vin) ; Colorlife : 64exo 4(b), 65exo 7(d) ; Creative Stall : 65 ; Dacian G : 46, 108(III), 127 ; dandoo : 67h ; Delices : 52(fraise), 112(banane) ; djdarkflower : 108(I), 127 ; Eduard Radu : 67bm ; Elegant Solution : 52(vanille) ; Evellean : 68 ; fayska : 6h ; getfile : 61 ; Giraffarte : 52 ; Gnatuyk Lesya : 30hg, 31mg ; Goodwaydesign : 22d ; graphic-line : 21h, 81, 96 ; gst : 47, 112(lait) ; happymay : 22g ; Helen Cingisiz : 13 ; honglouwawa : 106(taxi) ; Iconic Bestiary : 7h, 26 ; Incomible : 6g, 20h, 105 ; inithings : 29h, 29 ; Ivanova Natalia : 112(tomate) ; Jaaak : 64 ; jesadaphorn : 27, 39, 45, 91 ; jkcDesign : 60 ; judilyn : 64exo 5(c) ; Julia Tim : 48(a) ; Julia-art : 62(coupe) ; Julie A. Felton : 7b, 78d ; Kanate : 35h ; KissBeetle : 51 ; kizkulesi : 67bg ; Ksanawo : 71h ; ksenvitaln : 53 ; Laralova : 112(sucre) ; Macrovector : 42, 48d, 48h-(c), 55, 62, 63b, 71b, 73, 75, 90, 112(glace) ; mari.nl : 104b, 105bg ; Maria Starus : 88 ; Maria Zainoullina : 21b ; MarinaMay : 87b ; Marish : 86 ; Mascha Tace : 67Exo 10(a), 101, 105hg, 112(dentifrice) ; MatiasDelCarmine : 50 ; Max Griboedov : 72 ; Merfin : 107 ; Minur : 52 ; Miuky : 67md ; movaliz : 80 ; MSSA : 108(2), 111h, 127 ; MuchMania : 49 ; Naschy : 102 ; Natalia Aggiato : 5h ; NotionPic : 40, 103h, 108(V), 127 ; Oceans : 29md, 30, 31bg ; Olga1818 : 10, 16, 17, 18, 24, 25b, 38, 57, 62mg, 65g, 66, 70b, 83, 87h, 89, 92, 93, 94, 100, 105bd, 106(gamins), 112 ; openeyed : 22mg ; Padma Sanjaya : 3 ; quinky : 92h ; Rashad Ashurov : 63h ; Red monkey : 64exo 5(d) ; Sarawut Padungkwan : 29 ; Sentavio : 34b, 35b ; Shany Muchnik : 52m ; skyclick : 48(b) ; SkyPics Studio : 5b ; SlyBrowney : 112(burger) ; SofiaV : 64exo 5 (b) ; solgas : 4 ; Stocklifemax : 62 ; tele52 : 65exo 7(d) ; T-Kot : 106g ; Tomacco : 108(VI), 127 ; toyotoyo : 20b ; udaix : 30mc ; venimo : 53(chien) ; Verkhozina Ekaterina : 62md ; VikiVector : 11g, 103b ; vivasis : 111 ; Vlad Enculescu : 108(1), 127 ; vladwel : 29g, 104h ; Volha Shaukavets : 70h ; What's My Name : 79 ; Woodhouse : 62bg ; yoshi-5 : 82 ; Yustus : 105hd.

Mise en pages : Élodie Bourgeois pour Lunedit
Réalisation : Lunedit
© 2018 Assimil

Dépôt légal : avril 2018
N° d'édition : 3779
ISBN : 978-2-7005-0783-6
www.assimil.com
Imprimé en avril 2018 chez DZS, Slovénie